不信贏在起跑線

吳思源 著

不信贏在起跑線
作者／吳思源
策劃編輯／伍詠慈
責任編輯／沈怡菁
美術設計／鄺穎殷
插圖／阿門
出版發行／突破出版社
香港沙田亞公角山路33號突破青年村
電話：2632 0000　傳真：2632 0388
電郵：breakthrough@breakthrough.org.hk
網址：http://www.breakthrough.org.hk
http://www.btproduct.com
承印／陽光印刷製本廠
2014年7月初版1刷
2014年12月初版2刷

How to Be A Bad Parent and A Better Life Coach
by Ng Sze-yuen
First Printing, First Edition, July 2014
Second Printing, First Edition, December 2014

Printed in Hong Kong
ISBN 978-988-8246-29-8

本書經文取自《新標點和合本》，版權為香港聖經公會所有，承蒙允准採用，特此鳴謝。

誠邀閣下就突破出版社的書籍發表意見

歡迎加入突破書籍 Facebook page — http://www.facebook.com/btbooks.page

本書採用環保油墨印刷

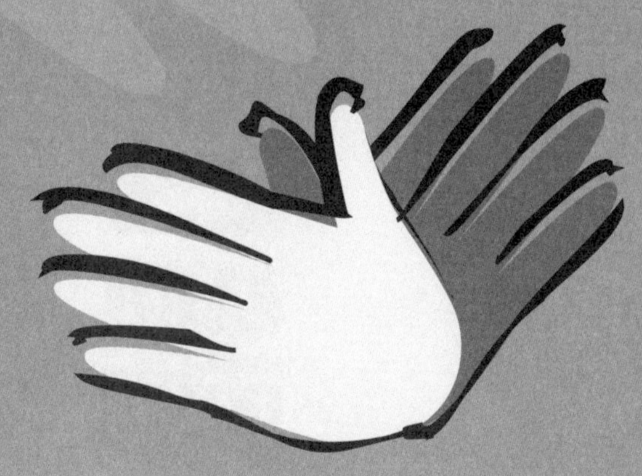

栽培新一代

年輕的心 驛動卻美麗

認識 貼近

關愛 同行

建造新一代更動人的生命

目錄

序言

救救失魂落魄的香港小孩子 - - - - - 8

信念篇

不信贏在起跑線

不信贏在起跑線 14

送孩子一本哲學書 17

教養憑直覺 20

勿讓兒女十項全能 23

小時了了必累事 26

父母何必理太多 29

勿讓兒女「未老先衰」 33

不應相信育嬰產品廣告 37

千金難買少年窮 41

支持子女特立獨行 45

與其為兒女禱告，不如與他們同行 49

引導兒女看到快樂從何而來 53

教孩子揀選生命 57

生活篇

不讓孩子當公主王子

今時今日的父母守則 66

勿為兒女伸冤 69

不給孩子安排太多節目 72

打風不帶兒女去看浪 76

不給年幼子女買智能手機 79

週末帶兒女去郊遊 82

晚上説故事比做家課優先 86

不帶孩子到快餐店吃早餐 90

外遊切忌帶外傭 93

讓孩子不怕蛇蟲鼠蟻 97

跟孩子下棋 101

讓孩子在草地上玩耍 104

容許孩子在自助餐吃得少 108

學習篇
不做考試機器

送孩子美麗的童書 116

勿送孩子平板電腦 119

不要兒女入讀名校 123

名校只餘虛名 127

陪孩子過簡樸生活 130

古今「狀元」故事 133

被趕出校沒什麼大不了 137

送孩子升學台灣體會中華文化 141

留學日本學會臨危應變 144

序言

救救失魂落魄的香港小孩子

吳思源

從物質生活的角度來說，這一代的香港兒童享有前所未有的繁榮和富裕：百分百享受免費教育，多數擁有手機以至智能手機，大都有外傭照顧，大部分三餐無憂甚至營養過多。六、七十年代的香港兒童不少還要做童工，或者「兼職」在尖沙咀碼頭的士站開車門、做「擦鞋童」，但這一代大多數香港小孩子卻是養尊處優，飯來張口衣來伸手。然而，他們比以前的小孩子更快樂和幸福嗎？

香港回歸後出生的新一代，如果是 97 年出生的今年剛滿十七歲，千禧年出生的才十四歲，正值升讀中二，他們經歷了回歸至今種種社會變化：港人治港、亞洲金融風暴、千禧年、沙士危機、自由行、08 年金融海嘯，以至當今的中港矛盾和特區管治困局。當然小孩子未必切身感受到這些變化，但他們的成長肯定受到社會陰霾所籠罩。面對父母及成人世界的無奈、徬徨、失落、焦慮，小孩子也潛移默化地受到影響。有精神科醫生和兒童心理學家指出，近年兒童的情緒問題和精神困擾個案增加，甚至有年僅五歲的幼稚園學生患上抑鬱病，單是2013-14年已有二萬六千多青少年求診精神科，這些都是不容輕視的警號，千萬不可掉以輕心。

清朝學者龔自珍曾說：「欲要亡其國，必先滅其史；欲滅其族，必先滅其文化。」香港新一代兒童面對的最大成長危機，首重沒有歷史，也就是沒有根，生命給懸空。以前不論在家抑或在學校，父母及老師都喜歡對孩子講解歷史故事、民間故事，由此培養了孩子的歷史感和歸屬感。但當下香港的幼孩卻在追逐所謂起跑線上的優勢而失魂落魄，兩文三語的催谷不在話下，還要學琴學跳舞學奧數學珠心算，更要為考上所謂名校而操練面試技巧，試問幼嫩的心靈又如何容得下這些重擔呢？

另一個危機就是沒有文化，或者說只有淺薄和貧瘠的文化。父母為追趕時髦，送孩子智能手機，令孩子過早沉迷網

絡世界以致上癮不能自拔。孩子原本是屬於大自然，應該多帶他們去公園或海灘，但香港的小孩子日夕流連於空調的室內和商場，他們的心靈生活變得貧乏；一些學校表面上鼓勵閱讀，但又偏於功能性和過分注重評估，結果扭曲了自由閱讀的真義，學生長大後非但寫不出像樣的文章，還錯別字連篇，更別提撰寫文言文，或閱讀著名古典文學或《紅樓夢》這類經典著作了。

香港教會開辦不少中、小學，可惜近年都不能倖免於追逐名校化，以致在課程設計及學與教的安排上，世俗的價值觀都凌駕於質素教育之上，結果莘莘學子都給「填鴨」，而輕忽了心靈文化和德智體羣美五育均衡的發展。

六、七十年代的教會學校常教學生唱一首聖詩《光明美麗物歌》，歌詞提到小花、小鳥、青山、太陽、果子、雪花、花園，學生一邊唱一邊憧憬天父上帝所造的世界是何等浩瀚美麗，他們的眼界擴闊了，內心溫暖了，精神抖擻了，這才是對孩子最好的教育。

最近採訪一位朋友，他在新界的村屋外置了一個小花園，他告訴我以他多年的園藝經驗，就是園主切忌介入太多，最好讓園子的花草樹木自行成長，最終它們會按照自然規律組成一個最美麗的圖案。聽了他一席話，我恍然大悟，當今香港父母做錯了一件大事，就是介入和干預兒女太多，反為令他們無所適從，進退失據，方寸大亂。

盼望香港的家長和師長，真正知道孩子需要的是什麼，不要再讓他們因成年人的功利和短視而陷入絕境。

信心篇
不信贏在起跑線

不信贏在起跑線

香港的父母有太多焦慮，其中之一是擔憂兒女「輸在起跑線上」。

但我們可有冷靜下來想一想：孩子在「起跑線上」其實最需要的是什麼？英國前首相戴卓爾（Margaret Thatcher）夫人說過一句名言：「在人生的起點上，我有兩大優勢：無錢和有好的父母。」（I started out in life with two great advantages: No money and good parents.）

《聖經》也有一句近似的話：「人在幼年負軛，這原是好的。他當獨坐無言，因為這是耶和華加在他身上的。」（哀三27-28）一個人早嚐苦果，經歷過貧窮和孤單的滋味，往往是他走向成熟和獨立的跳板。戴卓爾夫人出身寒微，造就了她剛毅勇敢的性格，結果貴為英國最出色的一位首相。

香港許多父母執迷不悟，錯認子女起跑線上的優勢在於事事快人一步，例如一歲多就入讀 play-group，兩歲學外語，三歲學奧數，四歲已送他到維也納遊學；而為了令兒女早日「學有所成」，更免除他們一切家務（以至私務）的責任。

要孩子得到全面的成長，一不在於吃哪種牌子的奶粉，二不在入讀哪間名校，更不在他們是否出身名門、住哪幢豪宅，乃在於他們有沒有強健的心智和體魄，以及敢於開疆拓荒不屈不撓的決心和毅力。父母給兒女最寶貴而一生受用無窮的禮物，就是以身作則向他們示範什麼是活好自己的生命。

全球首富蓋茨（Bill Gates）和巴菲特（Warren Buffett）皆分文不留給自己的子女，要他們自食其力。今日社會多了什麼也不做的「宅男」「宅女」，皆自少給父母寵壞，又依賴父母供養，結果毫不長進，可謂咎由自取。

父母給兒女最寶貴

而**一生受用**無窮的禮物，

就是**以身作則**

向他們示範什麼是

活好自己的生命。

送孩子一本哲學書

有什麼說話比對少年人說：「你是一個奇蹟」，更能鼓勵和振奮人心呢？

尤其對這一代的少年人，許多是含着銀匙出生，從未經歷過風雨的考驗，自小在父母羽翼的蔭庇下成長。每天就是上課下課、打遊戲機、玩手機、上網聊天。叫他們 Generation Y 也好，「草莓一族」也好，總之都是軟綿綿懶洋洋的，連說話咬字也不用力，什麼也是隨隨便便馬馬虎虎。

但可以怪他們嗎？如果成人世界不是有意無意把他們寵壞，或者因忽略他們而給予過多的物質補償，他們會變得過分依賴，只渴求被娛樂（being entertained）而失去了奮進的動力？在少年人成長的歲月，可有父母做他們的楷模，身體力行向他們示範什麼是積極、進取、達觀、勇敢、堅毅和慷慨？父母又曾否和孩子好好的談論過什麼是人生？除了學業和金錢，有什麼才值得一個人悉盡全力地追尋？

而在學校，我們除了課本學科的知識灌輸，又有否啟發學生的思考興趣，引導他們進入生命學問的殿堂，提升思考的質素和層次，俾對人生更高更美的價值有所嚮往，從而能夠更堅定有方向地活下去？

若干年前一紙風行的《蘇菲的世界》（*Sophie's World*）作者，原本就是一位教哲學的中學老師。外國很多中學都設有「哲學課」，當少年人愛上思考、懂得思考，並且早一點涉獵哲學，他們的一生會變得不一樣。而在這個慌亂無依的世界，鼓勵少年人學一點哲學，他們的生存腳步定會更為堅定。

在這個慌亂無依的世界，

鼓勵少年人學一點**哲學**，

他們的生存腳步定會

更為堅定。

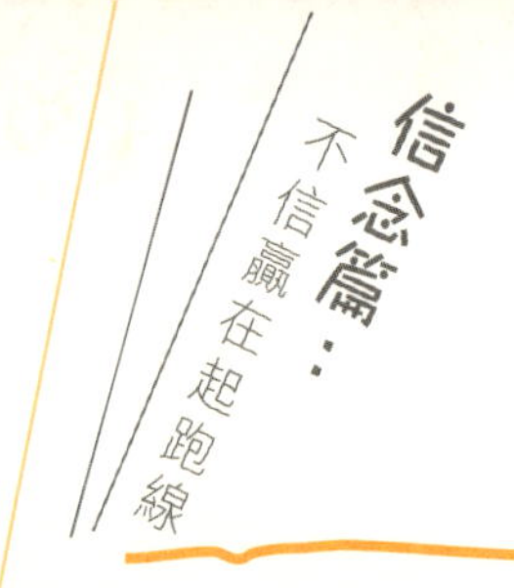

教養憑直覺

從前的父母相信天生天養，子女的好歹聽天由命；現代的父母則越俎代庖，事事干預和作主。許多父母在子女尚未出生，已經飽讀有關嬰孩照護和孩子教養的書，並且照單全收。結果坊間許多親子班、家長學堂、父母教室等如雨後春筍。

所謂親子關係，最重要的是肯花時間和心思在子女身上，並且是甘心樂意、無欲無求的付出。就如我們看待一株親手栽種的植物，每天澆水、除草、滅蟲、料理，更加不可缺少含情脈脈的注視和欣賞，不能單是研讀相關書籍去知道它的底蘊和生長規律。一位作者如此說：「小孩不必照書教養，我們也不想這麼做。我們覺得，應該是憑直覺就夠了。我們很愛小孩，很仔細觀察小孩的需求及發展，就應該足夠了。」（波布朗森、艾許麗梅里曼著，潘勛譯，《教養大震撼：關於小孩，你知道的太多都是錯的！》，台北：雅言文化，2010。）

小孩子的需要和期望其實很簡單，就是父母多些陪伴、同行。一星期五天都要上學，晚上不是做家課，就是預備默書測驗；星期六最好就是「親子日」，帶孩子到郊野公園走走，或者坐船到離島逛逛，到沙灘遊玩半天。但香港的父母總是利用星期六把兒女送到所謂「興趣班」去，由朝到晚忙個不停，結果不單累透了孩子，更令他們承受不必要的壓力。

教養兒女，盡信書不如無書，盡信專家也不如沒有專家。許多孩子出了問題，癥結在於欠缺父母的陪伴。另一位作者如此說：「對大多數這一類孩子來說，專業輔導是沒有用的。他們所需要，往往也是他們所缺乏的，是一個關心他們、肯花時間陪他們的大人。他們需要的不是心理醫生，而是一個可以信賴尊敬的人。」

教養兒女，

盡信書不如無書，

盡信專家也不如沒有專家。

勿讓兒女十項全能

香港一位退休的小學校長說得好，父母與其勉強子女「十項全能」，倒不如豐富他們的生活經驗。

但問題正正出在這裏，這一代的「港孩」最缺乏的就是「生活」，他們自從兩三歲開始，就被揠苗助長，催谷成為讀書機器。

在澳洲從事善終服務多年的護士 Bronnie Ware 著有一書，名為 *The Top Five Regrets of the Dying: A Life Transformed by the Dearly Departing*，她訪問了多位生命只餘十二星期的人，他們不約而同的告訴她臨終前最後悔的事情就是沒有好好生活。而其中一位男病人，更感慨他一生錯過了孩子的成長、愛侶的細微、父母的皺紋；他後悔自己一生的風景，僅局限在事業地圖，但到了生命最後時刻，卻溫暖不了將枯的生命。

事實上不單止孩子需要真真正正生活，父母也需要真真正正的生活。上帝創造人只有一個目的，就是叫人快樂地生活。傳道者如此說：「你只管去歡歡喜喜吃你的飯，心中快樂喝你的酒，因為神已經悅納你的作為。」（傳九 7）父母每天花點時間，與兒女閒話家常，說說笑、唱唱歌，下棋玩樂，到公園跑跑，週末去看海、放風箏、騎自行車，這才是生活。

生活經驗包括了成功的經驗、失敗的經驗、愜意的經驗、挫折的經驗、得着的經驗、失去的經驗、健康的經驗、患病的經驗……。做為父母，切戒過分保護兒女免於所謂「負面」的生活經驗。已故歌手羅文一首名曲，其中一句：「小小苦楚等於激勵，等於苦海翻細浪」，真是至理名言。父母要讓兒女自小敢於投入生命的大海，面對大小風浪，這樣才可以練就出一身好本領。

今天的「港孩」被寵壞了，看着他們什麼也畏首畏尾，心中不禁歎息：是父母害了他們。

父母與其勉強子女「十項全能」，
倒不如**豐富**他們的**生活經驗**。
讓兒女自小
面對大小風浪，
敢於投入生命的大海，
這樣才可以
練就出一身好本領。

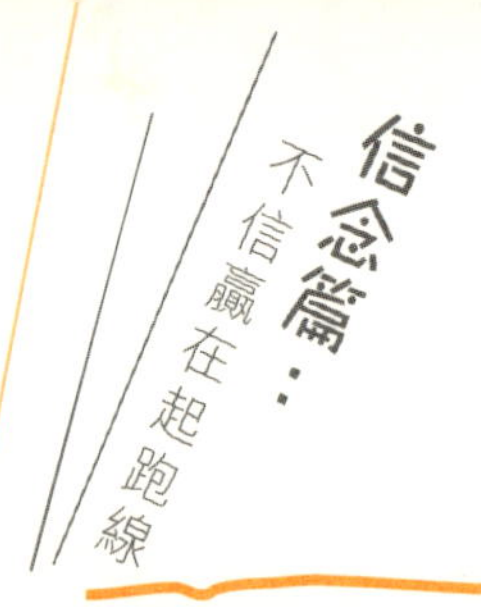

小時了了必累事

成年人不快樂，多有不能啟齒的苦衷。但年華方茂的小伙子不快樂，就比較令人難以理解，除了歸咎於「少年維特」的煩惱，究竟還有什麼看不開想不透的原因？據云香港的青少年以至許多兒童都有不同程度的心理困擾，甚或寢食不安，茶飯不思，原因又何在？

不單是成年人活得不快樂，莘莘學子中也有五十萬人為公開試不及格所困擾，現在連只得三歲左右天真無邪，活潑可愛的幼兒班學生，也被強迫執筆寫字。這些小孩子的小手原本是用來玩玩具的，如今每天要寫十多個生字，對幼嫩而肌肉還未完全發展的小手來説，實在是一種折磨。

專家指出，幼兒到了四歲才適合學習寫字，四歲前只可以讓他們用顏色筆在畫紙上畫線條和符號，而不應要求他們在格子裏寫字。專家又指出，過早要求幼兒寫字，表面上似乎比同齡的孩子早起步，但後遺症也不少，包括孩子的中指會變曲，以及帶來不愉快的學習經歷，甚至令他們日後抗拒寫字。

但香港的父母就是如此執迷不悟，常憂心孩子「執輸」，以為遲一兩年寫字或學英文，將來就比別人落後。他們忘記了「小時了了」這個故事，只顧一味的催谷，就像無良的雞商豬農為小雞小豬注射肥仔丸哮喘藥一樣，結果造成不健康的成長。

無怪乎現在的青少年活像「半文盲」，語文能力急劇下降，既不讀又不寫，連説話也結結巴巴，原來他們是受害者——四歲之前已被迫寫字！社會對他們不仁，他們長大了也對社會不義，這是簡單不過的道理。

出於「催谷」的「小時了了」，

別得意得太早！

順其自然地發展

反而更好。

父母何必理太多

香港一項調查顯示，新學期開首的兩個月，是媽媽們犯抑鬱的高危時期。專家指出，一些將全副心思放在兒女身上的母親，兒女甫升上小一或者中一，她承受的壓力最大，尤易患上抑鬱症。

原本孩子放完暑假、開始上學去，媽媽應該心情放輕鬆，沒有暑假時子女留在家中的「黐身黐勢」，自己可以找點娛樂去。可惜時下的父母剛好相反，孩子上學去，自己卻更多牽掛和焦慮。

子女升讀小一或者中一，原本代表他們邁進人生一個新階段；告別了幼稚園或小學，子女們「大個仔大個女」了，某程度上可以照顧自己，例如升讀小學後可以自己背書包上學、可以自己綁鞋帶、可以自己執書包；升中一的更加可以自己準時起牀、自己乘巴士上學、自己做好每天的作業等等。父母看見兒女長大，可以管理自己了，應該更加放心又

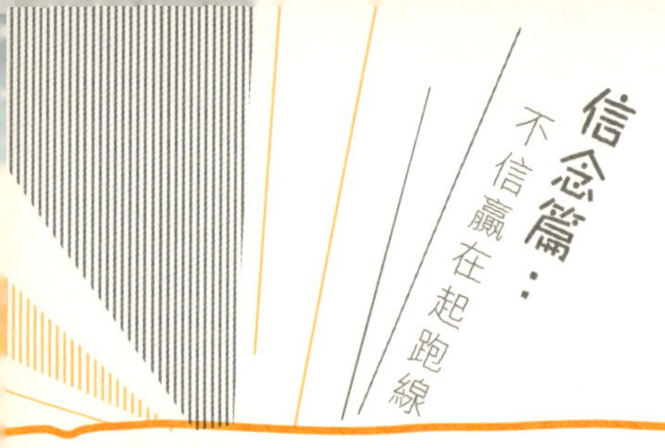

開心，試問又何來抑鬱之理？

問題其實出在香港父母的心理有點不平衡，過分操心兒女的學業，又不信任香港的教育制度，更加對子女就讀的學校不放心，時刻擔心學校的老師會待薄自己的兒女。現時許多父母甚至在家中安裝攝錄機，監控家中的一切，包括外傭的行徑。香港的家長多麼期望可以監視子女在學校的情況：老師如何教學？課室的空調夠涼嗎？孩子有否在小息時上洗手間呢？在學校吃午飯時有否得到充分的照顧？有沒有遭人欺凌？孩子舉手答問題時老師又有否視而不見？……香港的父母每天就是煩擾着這些問題，試問又怎能不抑鬱呢？

曾經聽過一句很有智慧的説話：「父母不放心，子女不能安心。」香港的孩子愈來愈多問題，根源在於他們的父母多不放心，結果條件反射的令孩子承受不必要的壓力，後果適得其反。香港的父母看來要學習古人的放下和悠閒之道：

「寵辱不驚，閒看庭前花開花落；去留無意，漫隨天外雲卷雲舒。」兒女回到家中，見到快樂而從容的父母，他們才有幸福而健全的成長。

香港的父母

要**學習放下**和**悠閒之道**：

「寵辱不驚，

閒看庭前花開花落；

去留無意，

漫隨天外雲卷雲舒。」

勿讓兒女「未老先衰」

好幾年前，一齣印度電影《一百萬零一夜》讓兩個小小的孩子做了童星，揚威奧斯卡，一夜成名，從五光十色的美國洛杉磯返回家鄉印度孟買。住過五星級酒店之後，原本住慣的貧民窟生活反而很不習慣，飾演哥哥的發高燒至一百零三度，做妹妹的則幽幽的說：「我不想再待在貧民窟了，這兒到處都是垃圾，人們不時憤怒大叫，我感到我的生活多糟，我只想離開。」

不要怪這兩個小孩子「忘本」或貪慕虛榮，要怪的是大人把他們帶到另一個極端的世界——美國的荷李活，待過紙醉金迷和夢幻的短短幾天，然後又帶他們回到又熱又髒的孟買故鄉。經歷如此翻天覆地的「文化震盪」(culture shock)，難怪這兩個乳臭未乾的小孩子感到難於適應。據云做哥哥的伊斯梅爾（Azharuddin Mohammed Ismail）還被爸爸摑了一巴掌，做妹妹的阿里（Rubina Ali）除了不願見朋友，更不肯換下出席奧斯卡頒獎典禮的禮服。

信念篇：

不信贏在起跑線

美國一位心理學家 David Elkind 著有 *The Hurried Child: Growing Up Too Fast Too Soon* 一書，猛烈批評這一代成年人對兒童揠苗助長，給予太大和太多的壓力。他説美國社會從二十世紀七十年代末開始，有一種錯誤地追求年幼兒童快速成長和無止境「開發」幼兒智能的傾向，漸漸這個趨勢波及全球，自西方社會至亞洲社會，無遠弗屆。看看我們的社會，充斥着大量從胎教到讓幼兒學習記憶或音樂之類的非科學、非理性手段，早期教育的盲區誤區比比皆是。

隨便翻閱坊間以家長為讀者對象的報刊，盡是五花八門的兒童啟導和發展課程廣告，什麼「打造天才兒童」、「送孩子入哈佛」、「大腦潛能記憶法」、Extra Sensory Perception 諸如此類，結果父母們惟恐不及的信以為真，紛紛把子女送給「專家」去訓練。孩子們漸漸失去童真，童年被壓縮打折，後遺症是孩子們感到不快樂、厭煩，以至反叛。

35

《一百萬零一夜》中的兩個童星，有專家擔心他們兩人的心理健康。無數在我們周邊的兒童，每天忙忙碌碌的學這樣學那樣，他們的心理健康又有誰關顧？

香港新一代的

最大危機，

是他們與真實的**生活疏離**，

只活在成年人為他們設置的世界，

這樣的生命變得

很蒼白、很沉重，

以致經不起小小的考驗。

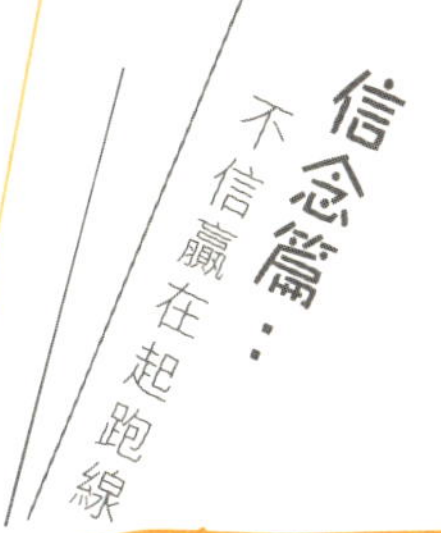

不應相信育嬰產品廣告

這時代的父母，急於看到兒女早日長大，惟恐落後於別人；奶粉製造商看中了家長們的心理弱點，強調他們的奶粉含有神奇配方，什麼有助嬰兒頭腦靈活、提升其學習能力等，這些奶粉霎時成為時尚，許多父母奉為上品。

揠苗助長式的催促幼童快速成長、無止境地開發幼兒的潛能，是近二十年來全球性的一大趨勢。為了迎合現代父母的心理，當然亦為了賺他們的錢，大量非科學的、偽科學的研究數據和成果紛紛出籠，指出嬰兒及幼兒必須吃些什麼和接受怎樣的教育，才可以百駒競走一馬當先。很多事實都被誇大或者歪曲以有效推廣及營銷某些產品，例如加了添加劑的奶粉。事實上這個趨勢非常危險，甚至可說是將無法自我照料的嬰兒及幼童置於險境。

一個研究報告指出：對胎兒心率的測量發現，胎兒可以分辨母親的聲音和其他人的聲音。有生意頭腦的商人立

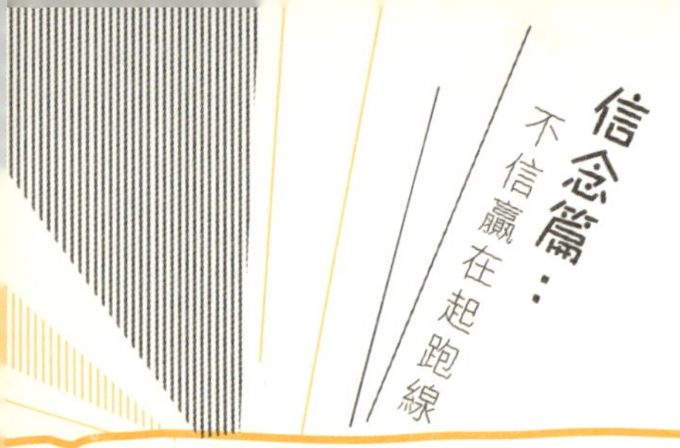

即把這一發現加以發揮，創建了一整套的教育規劃和「孕期大學」，指導父母為尚在子宮的胎兒讀莎士比亞（William Shakespeare）的著作，和聆聽莫扎特的音樂。商人宣稱這樣做可以提高孩子的智商，幫助他們在未來的競爭中取勝。

就如愈來愈多的所謂「名牌」奶粉，聲稱加了什麼什麼的添加劑，足以令嬰兒更加聰明、手腳靈活、視力和聽覺增強，以致學習和記憶力提高等等。可惜這一切原來都是未經驗證的偽科學。有專家稱，被最多品牌標榜的 DHA 對腦部發展的效用成疑，而聲稱能促進兒童視力的 Lutein 至今只有長者研究數據支持。另有專家甚至警告，成人每日攝取超過三克的 DHA，可能降低凝血能力，增加出血風險，所以嬰兒更當小心。中大兒科學系一位教授則說，母乳才是嬰兒的最佳食糧。

如何令嬰兒及幼童健康而全面地成長，父母悉心和耐性的哺育其實最重要。催促兒童快速地成長，是顛倒了成長原有的規律，也是不尊重生命的神聖。嬰兒安舒地獃在母親的懷抱，吮食她的乳液，聽母親慈聲的歌唱，才是最幸福和健康。

花時間和心思在子女身上，
就如看待一株親手栽種的植物，
每天澆水、除草、滅蟲、料理，
更加不可缺少
含情脈脈的注視
和**欣賞**。

千金難買少年窮

近年有一本書名噪一時，在香港內地都一紙風行，頗為暢銷，它就是《富爸爸，窮爸爸》，講的是做爸爸的如何啟導兒女認識和掌握「致富」之道。這本書初版於 1997 年，中譯本則於 2001 年面世，當時兩岸三地（中、港、台）的人仍熱衷於賺錢搵錢，也尚未有「非典型肺炎」、「911」等突發性事件衝擊，故《富爸爸，窮爸爸》大有市場，這有一定的道理。

但經歷經濟及社會巨變之後，父母是否仍然覺得及早幫助孩子「理財」、「致富」是最重要的，這就值得商榷。大文豪蕭伯納（George Bernard Shaw）曾經說過一句戲言：凡是天才，年輕時當左傾，到中年仍相信共產主義，則必是白癡。同樣道理：凡愛兒女的，當希望兒女富起來，但一味以為只有賺更多的錢才是富有，必害了自己的兒女。

要幫助孩子「富」起來，除了金錢的層面，更重要的是精神的層面、心靈價值的層面。曾經讀過一本講及教養子

女的書，名為 *Making the Most of Your Child's Teachable Moments*（可譯作「好好把握每個教導兒女的時機」），裏面提到日常生活中的許多片段和情景，都可以利用來啟導兒女領悟人生，學到做人的道理。這些生活的片段，包括節日和假期、第一天上學、出外旅遊、睡覺時間，遇上意外甚至災禍、搬家、下雨天、患病、有親人離世……等等。作者指出，生活本身就像一所學校，生活的內容就是信手拈來的教材。父母若好好把握，充分利用，孩子必然有所學習。

「窮」的爸爸掌握了箇中奧妙，也可以幫助兒女的心靈「富」起來。大家都聽過丹麥大文豪安徒生。原來他年幼時父親曾失業潦倒，但他沒有自怨自艾，反而利用賦閒在家的機會，每天到公立圖書館借書回家，一方面自己有書可讀，同時又給孩子讀，安徒生就是因此被栽培成才。

只要我們具備積極、進取的生活態度，即使是失業、半失業甚至負資產的「窮爸爸」，也可以是一位快樂而成功的「富爸爸」！

生活

本身就像一所學校，

生活的內容就是信手拈來的教材。

父母若能好好把握，

充分利用，

孩子必然有所學習。

支持子女特立獨行

社會學有「合模」（conformity）一詞，意即在意識形態和社會行為上大一統，削平一切差異與多元，結果令社會變得一式一樣，只有同一個世界、同一個理想。

香港也有這個趨勢。呂大樂教授在他的著作《四代香港人》這樣說：「現在，整個成長過程都變為一個準備的程序——進入職場前的準備。以前年輕一代也會為前途感到徬徨，但整個社會願意給他們多一點時間和空間，容許一試、再試。……今天，第四代人（即 1976-1990 年間出生）從小學、中學（或更早的）階段便要上馬，朝着事業前途進發（中、小學生寫創業計劃書早已不是笑話，而是現實，並且大行其道，被視為甚有教育意義）。」

結果我們的社會變得怎樣？呂大樂教授的觀察是：「年輕人與成年人之間，學校與社會主流之間的距離差不多完全消失，任何偏離主流價值『正軌』的，會被視為不夠成熟，

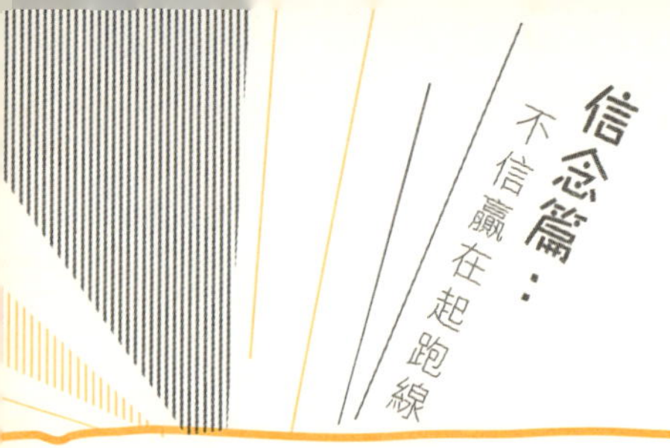

態度欠認真。」呂教授說的沒錯，曾有一段日子香港已沒有自發性的青年運動，除了幾次零星落索的保育行動，年輕一代對社會問題多不感興趣，更缺乏批判和挑戰的熱忱，只有「嚫模」才可以令他們眼前一亮。幸好近幾年好些青年運動又如雨後春筍，漸次出現。

日本一羣年輕人，獨排眾議的離開大城市走到鄉間務農，組織了一個名為「農民兒子」（Kosegare）的網絡，發起人宮地勇介說：「孩子應該夢想成為農民，不是棒球員！」在他的號召和鼓勵下，很快便吸引了兩百多位志同道合的年輕人加入。

香港人老是批評和慨歎年輕一代「貪威識食」、濫藥濫毒，甚至援交出賣自己，卻從沒有反省過我們的成年人社會是如何的偽善高壓，正是這種競爭文化扭曲了他們的心靈，令他們將自己「物化」而喪失了心靈內在的自由。

年輕人應該夢想成為農民，不是棒球員！這是一句極有智慧的說話。到錦田去，到菜園村去，到十八鄉去，到昂坪去，到荔枝莊去，到沙螺洞去，反正原居民早已走得七七八八，就讓年輕人在這些地方務農，開墾一片心靈的沃土。

引導子女

好好認識自己，

知道和發展自己的所是所長，

活出「真我」。

與其為兒女禱告，不如與他們同行

曾沉淪毒海的青年人，不單止戒毒成功，更在中學會考取得十四分，復在高考以 1B2D 佳績考入嶺南大學會計學系——原來這位青年人背後有位默默為他付出一切的好媽媽，她在兒子交損友走入歧途，直至重新做人的整整八年間，自發禁食早餐每天為兒子禱告，甚至因為禁食禱告導致頭暈跌倒，但她仍然堅持，終得見浪子回頭。

為所愛的兒子禁食禱告，不少教會有這樣的教導和操練。牧者讀到這個感人的例子，更加會信誓旦旦的強調禱告的效力：你們看！神是聽禱告的神，只要做父母的鍥而不捨的祈求，一年兩年三年甚至八年，就一定可以搖動上帝的手，將不可能的事變為可能！

香港許多基督徒父母很想兒女入讀名校、很想兒女不再沉迷上網、很想兒女認真唸書、很想兒女不要夜歸……為這一切所求所想，虔誠向神禱求，通宵達旦的祈求，禁食禱

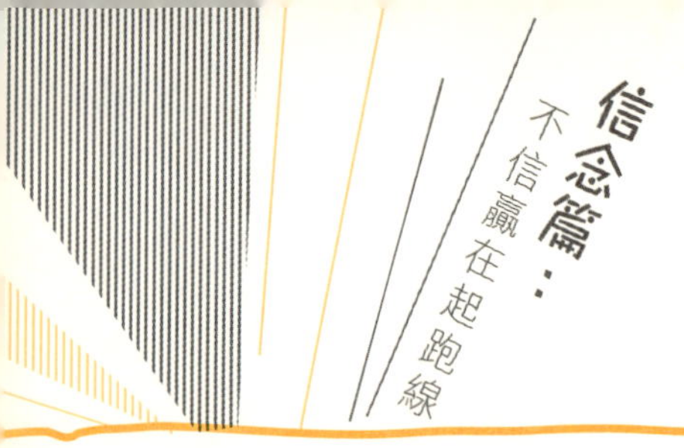

告，馬拉松式禱告，是否就是禱告至終蒙允的方程式？

原來在禁食禱告的背後，這位母親一直全心全力去做一位稱職而無微不至的媽媽。她說自己成為基督徒很多年，然而在接到兒子藏毒被捕的消息，又知道兒子染有毒癮，她一度傷心得拒與兒子再說一句話。後來兒子被判入正生書院戒毒，她難捨愛子之情，每月由觀塘遠走長洲正生探望，風雨不改。漸漸兒子被母親那份不離不棄、只求付出不問收穫的愛所感動，令他慢慢改變過來。

如果說恆切禱告本身是一顆種子，它誠然可以長出壯大的樹木，那麼禱告者的生活行為就是令這顆種子得以成長的泥土和養分。父母為兒女禱告，不可能抽離與兒女相處和生活的品質，否則禱告就淪為一種法術，以為藉着施法者的虔誠就可以奏效。

香港青少年的大部分問題，如無心向學、「練精學懶」、沉迷上網、亂搞男女關係、濫藥吸毒等，背後不是父母沒有為他們恆切禱告守望，而是父母很少和他們好好相處，缺乏愛裏的包容、信任、盼望和忍耐。

父母為兒女禱告，

不可能抽離

與兒女相處和生活的品質，

否則

禱告就淪為一種法術，

以為藉着施法者的虔誠就可以奏效。

引導兒女看到快樂從何而來

快樂有沒有祕訣？耶穌早已說得清楚：「得着生命的，將要失喪生命；為我失喪生命的，將要得着生命。」（太十 39）耶穌的意思是：一個亟亟想着自己的人，將失去一切；惟有放開自己的人，才會在不經意之中得着幸福。

「港孩」不快樂，原因很簡單，因為他們大部分眼中只有自己。這當然不是天生就這樣，而是他們父母所造成。這一代的「港孩」，自我形象被扭曲，原因在於父母看得自己太重要，什麼也是以兒女為中心。

不論是在家用膳抑或上館子，父母總是低聲下氣的問寶貝兒女：今天你想吃什麼？父母點了菜，侍應把菜端上，兒女扁扁嘴，似乎不高興，父母立刻鞠躬謝罪：你不喜歡嗎？告訴我你想吃什麼好了。

孩子有份演出幼稚園的《聖經》話劇，扮演三博士其中

一位，父母立刻找老師申訴，説孩子去年飾演過小羊，今年該輪到他做聖嬰耶穌了。而不論孩子最後扮演誰，只要孩子一出場，父母連同爺爺奶奶立刻衝到台前，爭相拍照。他們不是在觀賞表演，而是在觀賞自己的寶貝孩子。

「港孩」在這樣的氣氛長大，難免心中只有自己。耶穌的説話真有道理：「因為凡要救自己生命的，必喪掉生命。」（太十六 25）眼中只記掛着自己的人，一定不會感到快樂，皆因他事事只關心自己的好處和利害，並且只從一己得失的角度去衡量世上所有事情，結果他的世界愈來愈細，心眼愈來愈小，心情也愈來愈壞。

相反，心中不想着自己的人有福了，他的快樂來自隨遇而安的一份豁達與從容。孩子自少享受父母為他所做的一切，不論是早餐的麥片和吐司、晚飯的蒸魚和青菜，只要父母吃得快樂，孩子也分享到這份滿足。孩子不論飾演耶穌或木匠，又或只是在台下做啦啦隊，他都一視同仁，同樣投入集體的喜悅，並且明白到父母永遠在自己的一邊，而沒有任何的大前提。

「寵辱不驚，閒看庭前花開花落」，這份輕盈的悠閒，才是快樂的根源。

眼中
只記掛着自己的人，
一定不會感到快樂，
皆因他事事
只關心自己的好處和利害；
相反，
心中不想着自己的人有福了，
他的快樂來自**隨遇而安**的
一份**豁達**與**從容**。

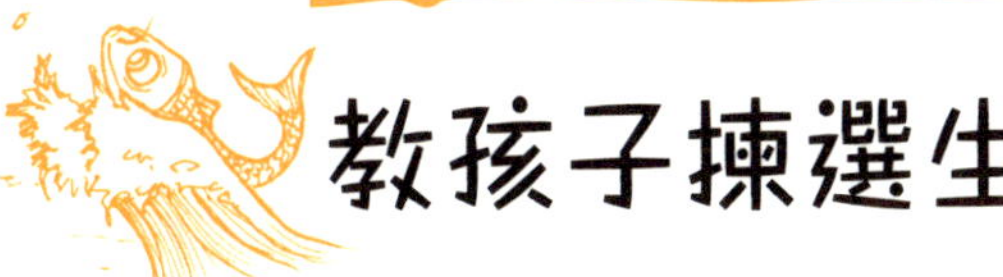

教孩子揀選生命

每年九月開學前後，都有學生自殺的個案。2013 年也不例外，單在九月第一週已有最少四宗涉及中學生自殺或企圖自殺的個案。根據香港撒瑪利亞防止自殺會的統計，首八個月共有四十七位青少年自殺或企圖自殺，接近去年總數的八成，其中更有五宗涉及十歲以下的兒童。

一般學者或社工回應青少年自殺的問題，多提出增撥資源、加強教育、優化親子關係等等的建議。這些建議不是全無道理，但未必能適切回應當下香港青少年身處的困境。

英國思想家約翰生（Samuel Johnson）對為他寫傳記的記者說：「人一生的思考，在於如何擺脱死亡的思慮。」（The whole of life is but keeping away the thoughts of death.）他的意思是：人人都不想死，因此竭盡所能地延遲死亡的降臨，爭取繼續活下去的機會，這本該是人之為人的基本訴求。可惜不知道從什麼時候開始，「自殺」竟然成為芳華正茂的青少

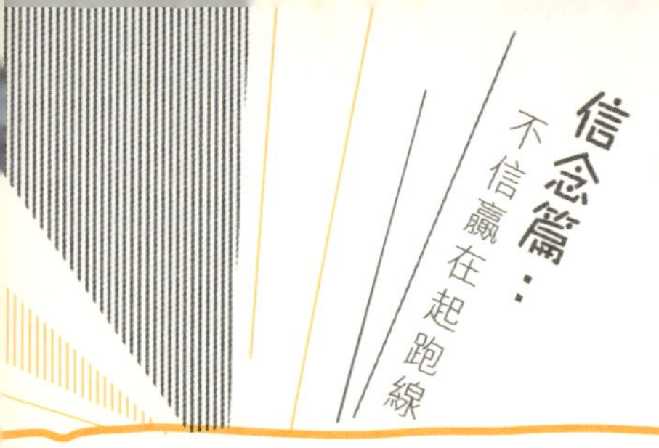

年的一個選項，並且不少是無緣無故，即或遇上所謂挫折也是一些雞毛蒜皮的小事（例如被父母薄責幾句）。

死亡本身不可怕，人人皆會死，這是生命的事實。只是死得不合時宜，浪費了美好的前途和大好的機會，留給父母親人太多不必要的傷痛，死才可憾。西洋詩人說，去過意大利的拿波里，才可以死得瞑目，因為拿波里的石榴花很漂亮。中國人又有一句話：「人生只合揚州死」，意思是到過十里洋場的揚州，才可以說不枉此生。我們必須讓孩子自小珍惜生命、禮讚生命、享受生命、活好生命，對生命說「是」，這才有助他們迸發生的勇氣（the courage to be）。

舊約《聖經》〈申命記〉記載了摩西對活在水深火熱之中的以色列人的告誡：「我今日呼天喚地向你作見證：我將生死禍福陳明在你面前，所以你要揀選生命，使你和你的後裔都得存活。」（申三十 19）揀選生命，是每一個人必須具備的信念。就讓我們做父母的、做老師的、做教牧的，幫助孩子們看到生命的可貴和潛藏的可能，以致他們能成為一個熱愛生命的人。

近十多二十年，香港的父母實在為孩子做得太多。過分焦慮和每事介入的父母，只會令兒女像「寵物」般失去發展自我和求生的本能。香港新一代的最大危機，是他們與真實的生命疏離，只活在成年人為他們設置的世界，這樣的生命變得很蒼白、很沉重，甚至經不起小小的考驗。

我們必須讓孩子
自小珍惜生命、
禮讚生命、享受生命、活好生命，
對生命說「是」，
這才有助他們**迸發生的勇氣。**

不信
贏在起跑線

我作為父母的信念

生活篇
不讓孩子當公主王子

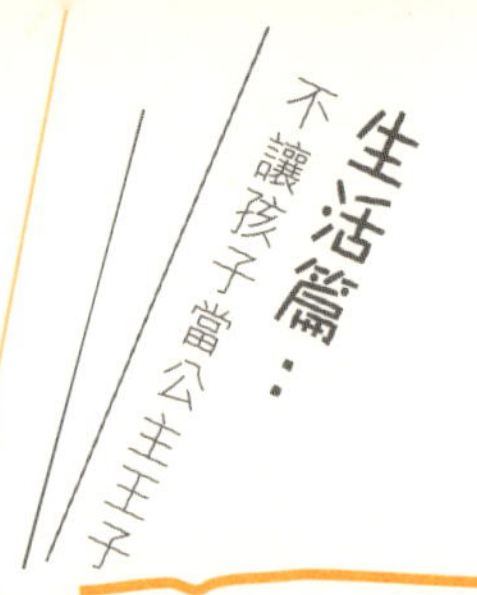

今時今日的父母守則

這年日要教好孩子，不讓他們成為「港孩」，做母親的必須放棄「個人喜好」，除此別無他途。

例如母親不得遲過兒女起牀，你可以晚睡，但無權遲醒。你必須是叫醒兒女的那一位，並且要親自預備早餐，起碼和他們一起吃早餐，然後送他們上校車。

例如母親不得隨便亂過馬路。你一個人過馬路，可以選擇自己的過路方法。但倘若你是帶着兒女，就一定要遵守交通規則，百分百依足交通燈的指示，即使遠遠看不見一輛汽車，而身旁的路人已經過了馬路，你仍要立下榜樣，企鵝似的站着等候轉燈。

例如你不可以經常使用智能手機或平板電腦，尤其是在督促兒女做功課、跟他們溫習、和他們一起吃飯的時候。倘若你「得時不得時」都在上網，心不在焉的把弄着手機，然後又罵兒女不專心，他們會覺得你自相矛盾。

又例如你不可以事事為兒女伸冤，雖然明知是老師改錯了試卷，或者認錯了打破玻璃窗的那個小壞蛋是你的兒子，你仍要按捺着心中的怒火，不要為子女出頭討公道，因為一個好媽媽，必須讓兒女及早知道這個世界不公平的事情很多，而他要學會忍讓，受點委屈乃正常。

這年頭做父母可不簡單。不要太信坊間的一些調查，父母放棄一些個人喜好，減少所謂社交生活，原不是什麼大不了的事情，尤其是當兒女年紀尚小，你必須珍惜可以好好管教他們的時間。到他們長大了，你一定可以做回一些自己喜歡的事，而他們亦會感激你沒有放縱他們變成「港孩」。

當兒女年紀尚小，
你必須珍惜
可以好好管教他們的時間。
到他們長大了，
你一定可以做回一些自己喜歡的事，
而他們亦會感激你

沒有放縱他們
變成「港孩」。

勿為兒女伸冤

香港社會怨氣日增，人心充滿苦毒怨懟，滿街刁民，禮崩樂壞又人人噤若寒蟬，要勞動法官出面，審案時兼做父母官，曉人以大義，這乃社會道德綱紀瀕臨崩解的不祥之兆。

母親牽着幼女逛商場，碰上幼女的同校男同學，男同學大概太興奮了，趨前拍打女孩子的胸口一下，小女孩被男同學突如其來的動作嚇了一跳，大哭起來，母親不去安撫女兒，倒大動肝火「怒摑」才四歲大的小男孩；這巴掌也算厲害，竟在男孩的右臉留下傷痕。

原本是芝麻綠豆般小事，卻因母親的過激反應而小事化大，最終弄至要告上法庭。香港社會近年流行「家長教育」，這個案足以成為其中一個教材，教為人父母者切勿介入小孩子的世界，更不要事事為他們強出頭。

首先，做父母者應知道孩子長大後，這個世界對他不

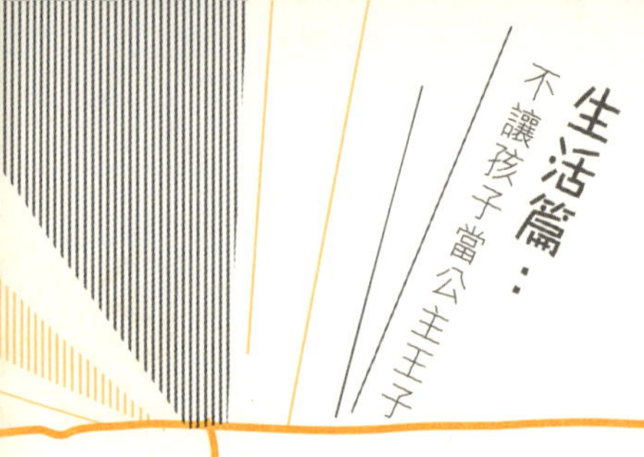

會永遠友善，有時會有防不勝防的危險，因此孩子要常保持警覺和學會保護自己。目睹孩子被推撞，首要教他立即站起來，處變不驚，察辨來者動機是有心抑無意，然後作出合宜的應對。

其次，父母應儘量退居幕後，即或兒女受些委屈，也應教他們勇敢面對。父母要知道自己多數比兒女早死，他們遲早要獨自承受一切，因此父母永遠不應該替兒女伸冤。

父母應該教兒女做的只有三樣，就是〈詩篇〉第一篇劈頭說的三「不」:「不從惡人的計謀；不站罪人的道路；不坐褻慢人的座位。」總的來說，就是擇善固執，保持清醒，特立獨行。孩子有了這些素質，自然懂得安身立命，做個堂堂正正的人。

父母應儘量**退居幕後**，

即或兒女受些委屈，

也應教他們**勇敢面對**。

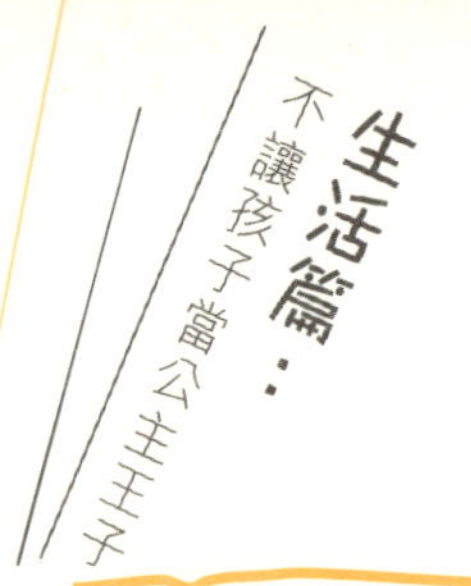

不給孩子安排太多節目

中國著名作家李銳和蔣韻夫婦，育有一名女兒，她是近年竄紅的笛安。有問及她的寫作功夫是否來自父母，她淡淡的回應説：「是獨處教我寫作。」

獨處不單教人寫作，更教人成長。如果今天要開一個生命成長課，第一課要學的，恐怕是「獨處的藝術」（The Art of Solitude）。父母不懂得獨處，早晚會淪為「怪獸家長」；孩子害怕獨處，則必然成為「小學雞」或者「港孩」。

笛安十九歲就離開中國到法國留學，她憶述當時住在山上一所小屋，只有房東和一名鄰居。有一晚下着雨，地板卡擦卡擦地響，她忽然有寫作的衝動，於是立刻便提筆寫起來。她反思道，小時候自己活在人羣中，到長大之後到外國獨個兒生活，孤獨教曉她透過寫作排遣不安的情緒。

香港社會鬧哄哄，由早到晚都是噪音處處，在香港長大的小孩，耳濡目染，難免很早就跟成年人的生活方式看齊。你到香港任何一間茶餐廳，男人說話必像曾志偉，女人就「巴巴閉」的像查小欣或者李慧玲；在大學的飯堂，男學生外形多像森美，女學生則多似小儀，說話像小喇叭，叫人聽來心煩，也替他們可憐，香港有如此「大學生」，將來社會怎樣，心中不禁發毛。

未雨綢繆、洞悉先機的香港家長，一定要為自己及兒女預備一個相對清靜及獨處的環境。父母先要學習寡言，不要老是在孩子耳畔說個不停、指指點點。孩子呈上有兩三科不太理想的成績單，父母也不用歇斯底里的呼天搶地。孩子派不上心儀的中學，父母這時最需要做的是沉默地點點頭，然後輕拍孩子的肩膊，這才是給他最大的鼓勵。

不必買平板電腦或智能手機給唸小學至初中的孩子，更不要主動教他們玩電子遊戲，反要從小訓練他學會獨處。父

母安靜地坐在一旁，讓他一個人玩砌圖、砌積木、看圖書，甚至發呆看窗外風景。學會享受安靜，人才懂得面對自己、聆聽內心聲音。這樣長大的孩子，將來必成大器。

如果
今天要開一個生命成長課，
第一課要學的，
恐怕是「獨處的藝術」。
學會享受安靜，
人才懂得**面對自己、**
聆聽內心聲音。

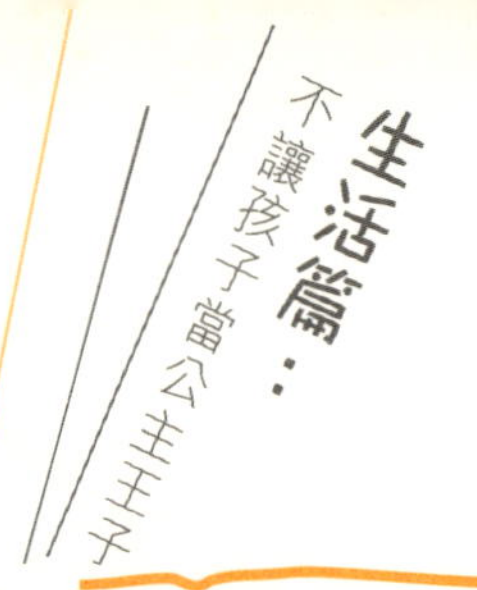

打風不帶兒女去看浪

父母愛子女理所當然，但必須包括教曉他們安全意識，懂得保護自己。

天文台預告寒流襲港，大帽山頂可能結霜，大人百無聊賴天未亮就駕車上山觀看結霜固然是你的自由，但不必帶上才幾歲的幼孩甚至手抱嬰兒同行。又如天文台發出颱風警報，就不應到海邊去，更遑論去滑浪或者游泳。若然天文台懸掛八號、十號風球，颱風正面襲港，父母更不應該偕兒女去逛商場看電影，以為這是偷得浮生半日閒的上天恩寵。

小孩子對危險的事物未必敏感，例如對熱燙的湯水，對尖銳的東西，對火，他們有時會因好奇而伸手觸摸，這時候父母應加以阻止，告訴孩子要小心，免受傷害。小孩子對凡會動的東西都很好奇，汽車是其一，但父母必須告誡孩子要佩戴兒童合用的安全帶，並且在十二歲以前千萬不可坐在司機位旁。

這其實是常識，也是交通條例的規定，父母如果真正愛自己的兒女，沒有理由不注重他們的安全。但偏偏香港許多父母缺乏這種意識，往往「貪得意」的讓才三幾歲的小孩子坐到駕駛座旁。君不見香港許多名校所在的地區，父母駕着名貴房車接載孩子上學，許多小學生甚至幼稚園生都是坐在前席。這些父母大多是專業人士，但安全意識竟如此差勁，真叫人難過。

舊約的〈箴言〉教導為人父母的，應時刻提醒兒女做人的法則和誡命，這樣子女長大後才得享平安長壽。但香港不少父母自以為是，以為很多事情都「無所謂」，結果誤了兒女一生。這些不幸的例子常有發生，我們千萬要警惕啊。

父母對子女的愛，
必須包括教曉他們
安全意識，
懂得**保護自己**。

不給年幼子女買智能手機

許多父母為追趕潮流，買智能手機或平板電腦給年幼的子女，結果遺害無窮。

十二歲以下的小朋友，根本用不着智能手機及平板電腦，事實上連電子書也不需要。有專家說使用上述電子產品只能活動手指的小肌肉，但協調活動的骨骼肌肉卻因而被忽略，長大後走路或易跌倒，反應亦較遲鈍。

而小朋友長時間垂下頭按呀按的，小小的指頭撥來撥去，除了令肩膊疲憊僵硬，手指的關節受損，也因過分專注而忽略了對周遭環境的警覺，隨時產生意外。

看看今天的地鐵巴士車廂，學生也好，職青也好，十居其九都是拿着手機或平板電腦的「低頭一族」，手指撥過不停的把弄着，彷彿有千百個訊息在收發。有人說即使車廂闖進一個拿着 AK47 步槍的恐怖分子，懂得逃命的大概只有上了年紀的公公婆婆。

從前的孩子不用整天盯着一個小小的手機，他們的世界反為更加廣大，不論是玩砌圖遊戲、砌積木、看童話書、下棋，或者什麼也不做，看看窗外的景致，他們除了學會面對整個世界，還學會了面對自己。這樣的小孩子比其他人早一點學會思考、想像和創造。

中國幽默大師林語堂先生，曾經說自己因為自少在山上居住，有幸培養出「高山的視野」，幫助他看事物有一份方寸感，看一切人為的東西例如高樓大廈或汽車比較合乎中道，看自己也謙遜一點，而看外面的世界則有一份敬畏感。今天香港的孩子龜縮在一個過小的世界，四體不動五穀不分，難怪他們長大後或多或少性格有點偏差，心理也有點不平衡。

有智慧的父母可要知道，這樣子培養小孩不是辦法。立刻收回買給他的電子產品吧，他或許會大鬧一場，但將來一定會感激你。

今天的孩子
龜縮在一個過小的世界，
四體不動五穀不分；
從前的孩子
不用整天**盯着**
一個**小小的手機**，
他們的**世界**
反為**更加廣大**。

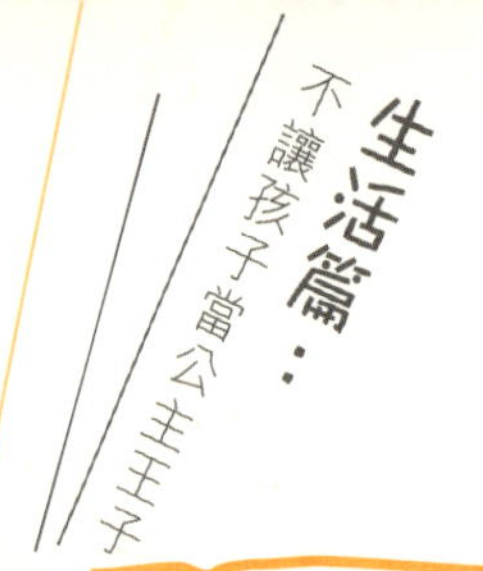

週末帶兒女去郊遊

當一個城市的人不懂得郊遊和散步，這個城市的抑鬱症、鬱躁症的指數必然直線上升。

六、七十年代香港人還有郊遊這份閒情和習慣，熱門的地點是沙田的紅梅谷、元朗的南生圍，以及離島的梅窩和長洲。就以交通最方便的沙田為例，可說是一家大小最愜意的郊遊景點。早上從尖沙咀火車站出發，乘坐綠油油的柴油火車經獅子山隧道直奔沙田，火車快進入隧道之際，大人會率先把窗門關上，防止火車煙囱噴出的廢氣吹進車廂，還緊張兮兮的囑咐孩子用手帕掩蓋口鼻。待火車出了隧道，進入眼簾的是望夫山，父母總會指着那酷似揹孩子的石婦，不厭其詳的講解望夫石的來由和典故。未幾火車駛進沙田車站，撲鼻而來的是炸豆腐的香氣，孩子總會央求父母到火車站旁的小攤買幾塊給他們吃。

近二十年香港人已失去了這份閒情。星期六大部分的孩子像趕鴨子一樣參加一個又一個的課程活動，不論是公文數口才班抑或學小提琴及跆拳柔道；父母本身亦是忙個不停，如果父母是做教師的，更要出席什麼培訓班和家校活動。即使是忙裏偷閒，充其量不過是去海洋公園或者迪士尼，否則就是去深圳東門購物兼飲茶。以前去沙田郊遊是一次心靈旅程，看的是山水景致，吃的很簡單，甚至是帶麪包乾糧去野餐。今天旅遊重視的是效率和物質享受，要吃得豪玩到盡，一張套票用到滴水不漏。

英國的研究指出，即使是不同類型的情緒病患者，只要讓他們到郊外散步三十分鐘，舒展一下筋骨，呼吸新鮮空氣，抑鬱症狀已大為減輕，自尊心亦有所增加，較少出現負面感覺。反之如果帶他們到商場購物，效果大打折扣，甚至對部分患者會有反效果，抑鬱症狀不減反增。

香港人近年多了情緒病，皆因我們的生活方式出了問題。整個社會有如一個高壓煲，什麼事情也「煲」得沸沸騰騰，不論是港島某名校男生涉嫌非禮案、明星歌星的生活戀情，都給渲染誇張來炒作，整個城市像患了躁狂症似的。要治療這個城市和其中的人，重拾生活的悠閒，多去郊遊和飯後到公園散散步，比看醫生吃藥來得更徹底和有效。

重拾生活的悠閒，
多去郊遊，
飯後到公園散散步，
比看醫生、
吃藥來得更有效。

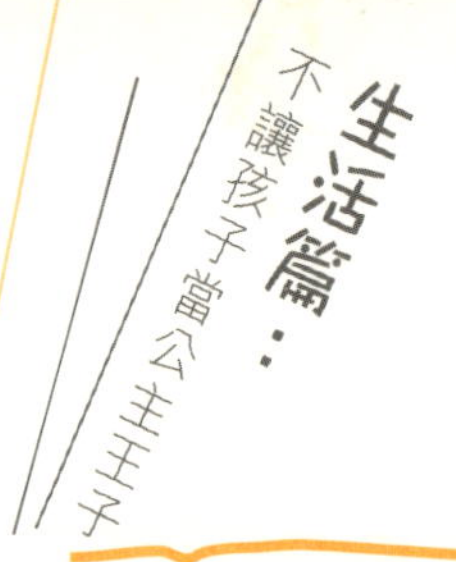

晚上說故事比做家課優先

英國作家魯益師（C. S. Lewis）曾寫信給一位煩惱的母親，信中提到：「那些『正常』的家庭，好像是一些我們不認識的家庭，遙遠得猶如十英里外的遠山。」

魯益師的意思是，家家有本難唸的經，世上根本就找不到十全十美的「正常」家庭。就如隨便一個晚上，你到訪香港任何一個家庭，你期望看見媽媽在彈琴，爸爸端着繪本在說故事，一對年幼的兒女倚坐在爸爸膝前，專注傾聽。孩子不用做太多作業，父母也可以準時回家，並且有足夠的閒暇和耐性跟兒女講故事，這樣的「正常」家庭，魯益師說，遙遠得猶如十英里以外。

香港教育學院有一項調查顯示，受訪的二千多名學前班至幼稚園高班的家長之中，發現 41.8% 的家長每週花少於半小時為子女說故事。學者回應說，父母最好每天能抽出二十分鐘的時間跟子女說故事，這不單有助培養孩子的閱讀習慣，更增益了親子關係。

香港的父母常說自己很忙，其實這只是表象，實際上是他們欠缺耐性和閒心。父母下班回家，帶着疲累的身軀，看見兒子的家課只完成了一小半，明天還有默書測驗，早已怒火中燒，試問還有什麼心情跟他們說故事哩。

但如果父母此時靜下心來，溫柔地抱抱孩子，笑說不如先聽爸爸媽媽講個故事才繼續溫習吧，兒女一定會喜出望外。父母肯親近兒女，兒女才肯親近父母。父母放開心懷說故事給兒女聽，兒女長大後也會打開心扉把心事告訴父母。有了這個關係，兒女的成績不一定名列前茅，但他們一定會好好完成他們學業上的責任，而且會成為一個快樂的人。

魯益師說得對，完全「正常」的家庭世上難求，但只要父母樂意每天抽二十分鐘跟子女說故事，這個家庭就在邁向「正常」的路途上前進一大步。

父母放開心懷

說故事給兒女聽，

兒女長大後

也會打開心扉

把心事告訴父母。

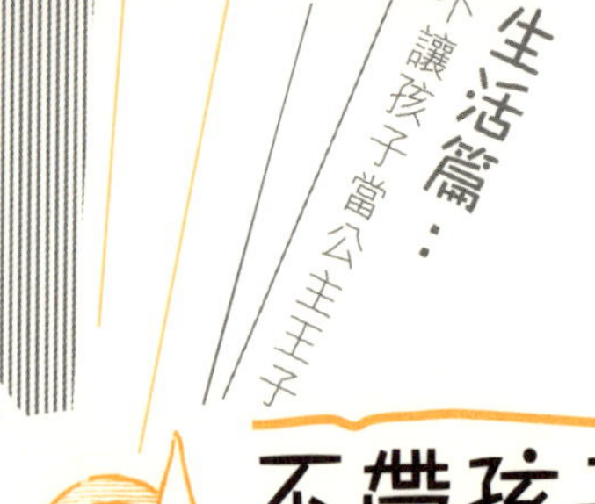

生活篇：不讓孩子當公主王子

不帶孩子到快餐店吃早餐

「港孩」很少有吃早餐的習慣。曾有香港的營養師建議早餐要多元化，最好天天新款，色香味俱全，再加上均衡營養。這建議沒有錯，但反映出這位營養師不吃人間煙火，昧於港孩不吃早餐的真正原因。

九零後出生的「港孩」是一個很特別的品種，他們很遲睡，經常打機上網至凌晨才不情不願的上牀，結果翌晨起來沒精打采，匆匆刷牙洗臉便趕着出門。唸初小的三四年還好，遲睡的壞習慣尚未形成，但一旦到小五以上，再加上青春期的反叛，拒絕吃早餐或來不及吃早餐幾乎是大多數少年人的實況。

另外一個更深層的原因是這一代港孩的父母也大多很遲睡，他們下班已很晚，又或者應酬多多，甚至有部分要通宵達旦的工作。他們本身已睡眠不足，很少有機會與兒女一起吃早餐，更遑論為兒女弄早餐。兒女沒有父母在身邊，會放肆一點，外傭即使為他們預備了豐富的早點，他們也不屑一顧，拂袖而去。

以前的日子可不是這樣，即使是中學生也大多在午夜十二時之前就寢，而大部分小學生不到十時也都已入睡，所以第二天早上他們一定精神奕奕，有足夠的時間吃過早餐才上學。那個年代沒有營養師的專業指導，但做父母的都會親自下廚，煮一窩熱騰騰的白粥，加一隻鹹蛋，少許青菜，又或者弄西式的果醬麪包加煉奶一杯。只要有父母在一起，孩子一定會快快樂樂的吃完一頓早餐。

新一代的港孩缺少的正是這麼一份簡單的幸福。不要以為港孩嚷着一定要去麥當勞或者大家樂才肯吃早餐，他們最需要的是願意陪伴他們吃早餐的父母，和比較健康的早睡早起作息習慣。

新一代的港孩
缺少的
正是這麼一份**簡單的幸福**——
只要**有父母在一起**，
孩子一定會快快樂樂的
吃完一頓早餐。

外遊切忌帶外傭

每逢遇上連續幾天的公眾假期，都會是港人趁機外遊的好日子。一項調查顯示，許多一家大小的出外旅遊，都喜歡帶同家中的外傭，原因不是視她如家人，而是方便照顧同行的孩子。

所謂「港孩」正是這樣製造出來。這一代的香港孩子，嬌生慣養的佔多數，久被父母寵壞了。由幼年開始，便習慣「飯來張口，衣來伸手」；到升讀高小，「牛高馬大」了，有些連書包仍要由外傭代拿。他們一天到晚只顧拿着手機把玩，除了上網打機，對其他事都愛理不理。

父母帶兒女到外地旅遊，原本有助鍛煉他們自我照顧的能力。例如他們要學習執拾行李，袋好證件，看地圖和辨別方向，以至遇上突發事情的隨機應變。其實只要是自助旅遊，台北四日三夜也好，九洲鹿兒島五日四夜也好，能夠充

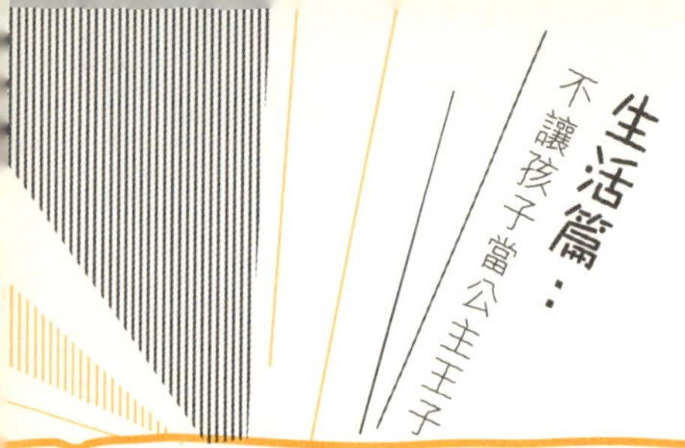

分利用這幾天培養孩子獨立生活和開闊眼界，未嘗不是好事。可惜香港的父母卻愚蠢到帶外傭同行，結果兒女又打回原型，沿途又是打機又是愛理不理，倒不如留在家中省點錢更好。

昔日孫中山先生自述十四歲首次出國赴檀香山：「始見輪舟之奇，滄海之闊，自是有慕西學之心，窮天地之想。」才十四歲就能有如此氣魄大志，直叫我們慚愧。香港的父母如果真的為兒女設想，應及早培養他們獨立生活和自我管理的能力，即使吃一點苦也在所不惜。若帶他們到外地旅遊，最好不要參加旅行團，選擇一些較偏僻或者較少港人及內地人前往的地方，住民宿或廉價旅館，出入乘坐公共交通工具，行李要自己執拾，日常飲食最好是當地人的家常便飯。孩子自小習慣這種旅行，長大後也容易適應不同的環境。

許多年前曾經和家人到砂拉越自助遊。猶記得在古晉市的華人歷史博物館，看到十九世紀大批中國青年遠道涉洋到南洋謀生。在一幅幅黑白舊照中見到一張張既徬徨又堅毅的臉孔，有血有淚，他們憑着自己的一雙手，終於打出了一條光明大道。香港不少青年人常感懷才不遇，又或抱怨生不逢時，社會不給自己機會。其實青年人應眺望遠處，此處不留人，自有留人處。昔日國人下南洋，不是留給我們美好的榜樣嗎？

香港的父母
如果真的為兒女設想，
應及早培養他們**獨立生活**和
自我管理的能力，
即使**吃一點苦**
也在所不惜。

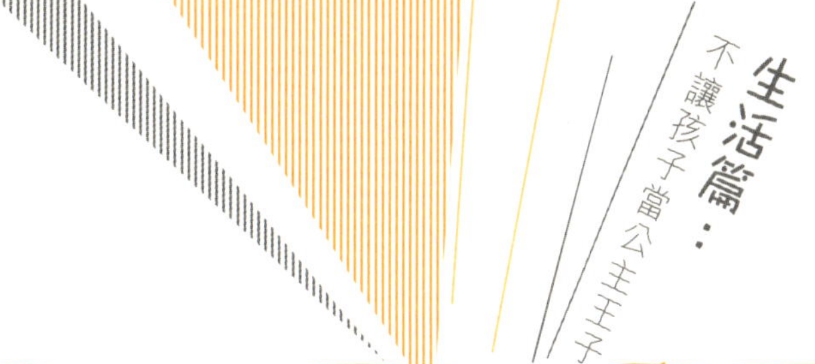

讓孩子不怕蛇蟲鼠蟻

露營原本是一項很悠閒的活動，現今不單止要提早一個月填表申請，還要視乎抽籤的結果，更要跟一眾的露營者（當中包括內地自由行旅客）櫛比鱗次的擠在一起，真是令人掃興。

香港的孩子很幸福，年紀小小已住過酒店；其實孩子應多去野外露營，這才符合孩子的天性。林語堂先生說過，當一個人熱衷於大自然、於山水為近，於人為遠，他會培養出一份比較另類的精神境界，是終日流連商場或上網打機的蒼生無法領略的。

父母帶孩子去露營，好處數之不盡。孩子首先學會野外求生術，從如何擇地而棲、辨別風向和地勢、紮營的技巧、拾柴枝生火、找尋水源，以至切菜做飯、開罐頭、清洗碗碟等等。孩子領略到一個人的需要其實很簡單，同時又體驗到自己的潛質和能力。許多以為自己做不來的事情，原來可以

做到；許多以為自己害怕的（如蛇蟲鼠蟻），原來可以與牠們共處。

到了晚上，生一個營火，這才是露營經驗的高潮。一家人圍着營火夜話，是世上最溫馨甜蜜的一回事。如果父親懂得彈奏結他或者吹口琴，這時可以高唱年輕時的金曲，可以是一曲 *Vincent* 或者 *Today*，然後教孩子夜觀天象，辨識星座，讓孩子領略造物主的偉大，於孩子的成長有莫大裨益。

唱完歌曲，一家人更可以圍着營火夜話，父親講講自己少年時期的「瘀事」，母親講講往昔的少女心事，孩子會覺得與父母的距離近了，再沒有任何阻隔。

如果父母是基督徒，更可以來一個晚禱，父親領禱，母親短講，兒女讀經，這經歷兒女一定難忘。

今天許多香港家長說孩子難教，一代不如一代，其實「港孩」的每況愈下其中一個原因，是他們失去了露營的經驗。香港的孩子現在愈來愈似科學飼養的籠裏雞，身體內的人造毒素太多，說來父母有責，政府有責，整個社會都有責。

過分焦慮和
每事介入的父母，
只會令兒女像「寵物」般
失去
發展自我和**求生**的本能。

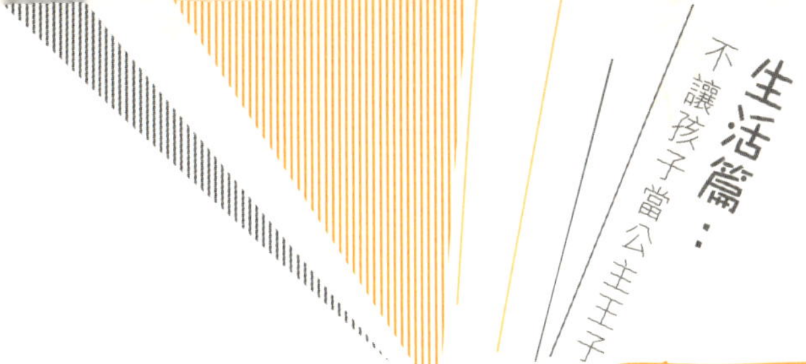

跟孩子下棋

孩子嚷着要跟我下棋，下什麼棋好呢？他們年紀小，還是選一些比較簡單而有趣的棋類，如鬥獸棋、蘋果棋，跳棋（波子棋）、康樂棋等，但不要小覷這些棋類遊戲，箇中可有微妙的藝術哩。

就如鬥獸棋，大家都玩過吧！但你可知道鬥獸棋的規則是可以變化的。我和孩子玩的時候，喜歡加插一些新規矩，例如狗可以下水（老鼠有難了）、豹可以打橫渡河等等，這就大大增加了遊戲的趣味，而孩子亦可以從中學習創意和想像力。

我喜歡跟孩子下棋，因為下棋可以鍛煉孩子的「全局觀」，從整體、不同的角度去分析事物，知所進退。我常覺得，人生猶如棋局，若沒有超越的觀點，人就彷彿「盲頭烏蠅」，亂闖亂撞，只看到前面咫尺的距離，而漠視潛在的機會（或是危機，或是契機）。下棋也可以訓練孩子的耐性，因

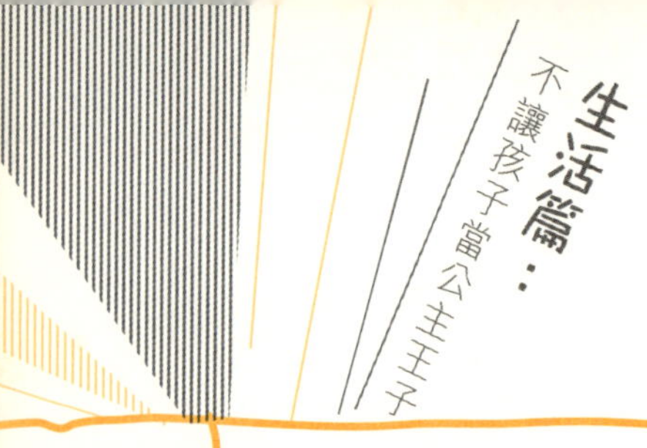

為下一局棋，最少要十多分鐘，對於唸初小的孩子來說是不短的時間。下棋也有助孩子學習面對勝負輸贏，勝負不是必然，有時柳暗花明，有時舉步維艱；人生也是一樣，得失盡在一線。

下棋的時候，也可以觀察到孩子的性格，有助自己了解孩子，從中觀察他們的行為，這也算是一份意外的收穫吧。

不要小覷**棋類遊戲**，

規則可謂千變萬化，

箇中可有微妙的藝術哩！

孩子亦可從中學習

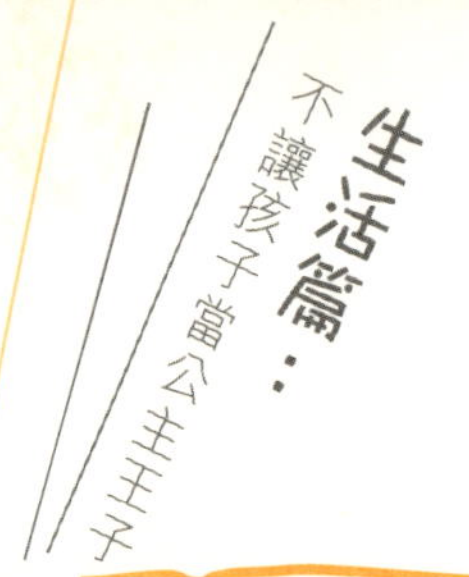

讓孩子在草地上玩耍

福音書記載有人帶孩子來見耶穌，門徒卻阻止孩子進來，大概是嫌他們嘈吵，耶穌斥責門徒的行為，更對他們說：「不要禁止他們！」（太十九 13-15）

二千年前門徒禁止孩子來見耶穌，今天我們也禁止小孩子親近大自然。有調查顯示香港幾近大半的孩子從未坐過草地，又有調查說七成多的香港幼童從未觸摸過含羞草。小孩子按其天性是嚮往大自然的，青山綠草，藍天白雲，樹木草地和溪流，孩子見到就樂極了，立刻好像回到家中般親切。大自然原本就是小孩子夢想的天堂，是他們心靈的家園和歸宿，可惜這一代的成年人卻千方百計阻止孩子接觸大自然。

許多父母還大言不慚的說，草地骯髒，說不定有紅火蟻，也有傳播登革熱的毒蚊。又有家長說，含羞草可能會傳播病菌，孩子不慎觸摸了會把病毒細菌傳入口中。更有一些家長說，帶孩子到郊野浪費時間，不如鼓勵他們多學一些才藝，以提升他們的「核心競爭力」。如是者，每逢週六週日，只見家長或外傭帶着幾歲大的孩子四處奔波，學公文數、學芭蕾舞、學小提琴，倦了就在麥當勞吃個午餐，又是薯條又是汽水又是麥樂雞的，總之就沒有青山綠水新鮮空氣的份兒。

不讓孩子接觸大自然，就好比養頭小狗在家，卻從不帶牠外出上街或公園，結果這頭小狗不單止不快樂，更可能會患上抑鬱症，終日悶悶不樂。今天香港許多兒童患上不同程度的情緒病甚至精神病，皆因他們自小缺乏陽光清風和雨露的潤澤，太少接近大自然，只獃在人工化的空調環境，打打機上上網就度過整個童年，這才是浪費甚至糟蹋了他們寶貴的青春。

父母若真正愛他們的孩子，就應該多帶兒女到郊外和公園。在草地上蹦蹦跳跳，玩捉迷藏，打球，捕捉蝴蝶，摸摸含羞草，這才是小孩子天性最喜歡的玩意兒。任憑最頑皮粗

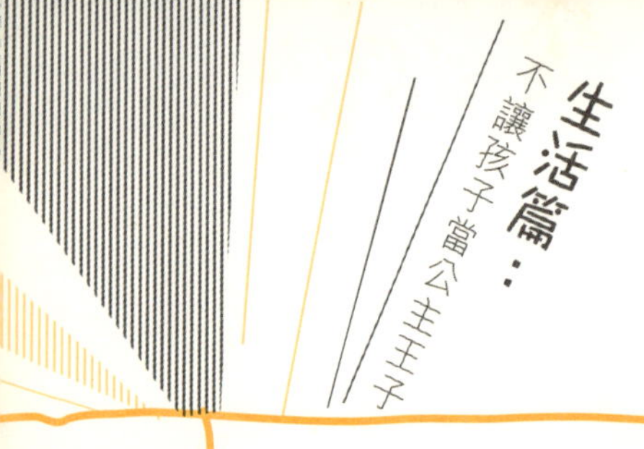

鄙的小孩子，只要置身大自然，青山綠水都會感化他們的品性，藍天白雲會洗滌他們的心靈，令孩子重新看見人世間有天使，有愛，有寬容，也充滿了希望。

任憑最頑皮粗鄙的小孩子，

只要**置身大自然**，

青山綠水

都會感化他們的品性，

藍天白雲

會**洗滌他們的心靈**。

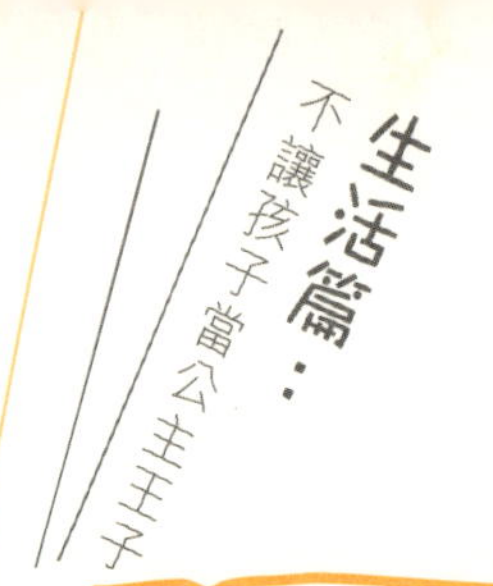

容許孩子在自助餐吃得少

一次在某酒店吃自助餐，突然聽見鄰桌一對衣着光鮮的夫婦大聲罵他們的孩子：「你那麼蠢，專挑不值錢的東西來吃，你知不知道一頓自助餐要花多少錢？再這樣下次就不帶你來了，真笨！」只見那位才七、八歲的孩子，一臉委屈的捧着盛着壽司和果撻的盤子，垂頭喪氣似的。

這一代的孩子夠幸福吧，年紀小小已經到大酒店吃自助餐，逢長假期就坐飛機去度假，週末週日課外活動排得滿滿的，到了暑假就參加二、三萬元以上的遊學團，但這樣就代表他們真的快樂嗎？如果諾貝爾得獎物理學家丁肇中教授所說「活一輩子是自己的事」是對的話，這一代孩子最缺乏的，正是好好認識自己以至活出自己的機會。試問一個連自己喜歡吃什麼、想吃什麼都被父母打壓的人，他又如何知道和發展自己的所是所長，活出「真我」呢？

丁肇中在一次香港的演講中提出三個名句，可謂金石良言，對年輕人十分受用。第一句是：「不要老是跟隨專家的意見。」（Do not always follow the opinion of experts.）容許我將它略為修改：「不要老是跟隨父母的意見。」父母的意見若是有益有建設性，例如不要看那麼多電視，少買名牌，過馬路時要留意燈號等，孩子最好聽從；但另一些意見如吃自助餐時「應該」吃什麼、選科時「應該」選什麼、週末「應該」學什麼等等，孩子就必須有自己的看法。

第二句名言是：「相信自己的信念。做你以為對的事。」（Always keep faith in yourself. Do what you think is right.）心愛壽司和果撻，就拿來吃吧，對自己的選擇要有信心。

第三句是：「保持好奇心，享受你所做的事。並努力向你的目標邁進。」（Be curious. Enjoy what you are doing and

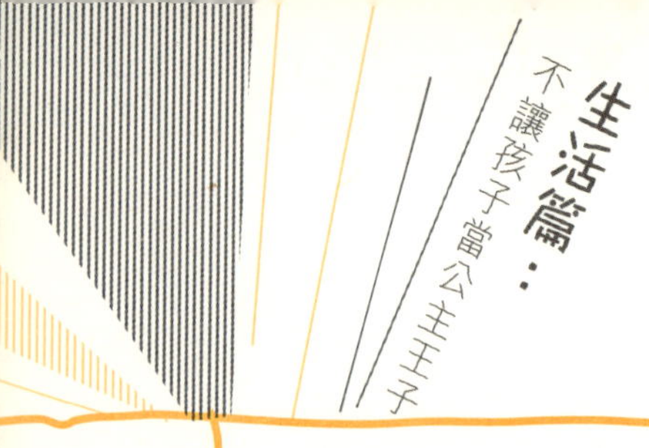

work hard to achieve your goal.）人生有如自助餐桌，琳瑯滿目，最要緊是細心欣賞觀察，從中找出自己最想要的，不要只聽從旁人的指指點點，哪怕那個「旁人」是付鈔帶你來吃餐的父母。

人生有如自助餐桌，
琳瑯滿目，
最要緊是細心觀察，
從中**找出自己最想要**的，
不要只聽從旁人的
指指點點。

我想孩子怎樣過生活

學習篇

不做考試機器

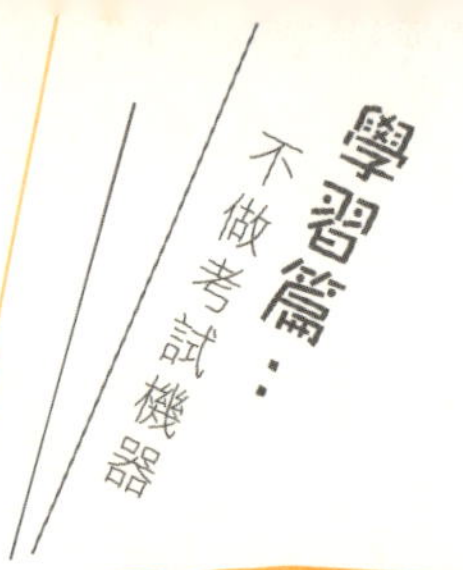

送孩子美麗的童書

不止一次聽過人說：勿讓小孩子閱讀那些美麗善良的兒童書，特別是那些不吃人間煙火的童話故事，這樣孩子才比較貼近現實。

這句話的背後，其實是說不出口的心底話：還是讓孩子多讀一些充滿色情暴力血腥的書籍，這樣孩子才會早日明白現實生活是怎麼一回事！不再活在幻想和童夢之中。

這簡直是似是而非的道理，荒謬的邏輯！可怕的推論！

我仍堅持，給孩子最美麗的童書，點燃他們對人生的夢想。正是因為現實世界充滿醜惡，人與人之間爾虞我詐，倫常關係的扭曲，我們才比任何一個時候更需要點燃夢想的好書。

讀美的、善良的書，讓我們看到人生仍有希望，那裏有誠實、守諾、愛心、溫情、無私、豁達、溫柔、公義；這些素質原本是人生所共有的，只不過是暫時被遺忘、被擱置。美的、善良的書能喚起我們對美好素質的嚮往，喚起我們赤子一樣天真單純的心。

世界愈是醜惡，世途愈是艱難，我們愈需要來自天外那方的鼓勵與安慰。與其叫孩子放棄理想，及早「合模」，不如留他們一個想像和追尋的空間。

讓安徒生的童話如《醜小鴨》、《夜鶯》、《皇帝的新衣》，讓伊索寓言如《龜兔賽跑》，讓格林童話如《仙履奇緣》、《白雪公主》，讓一千零一夜的故事如《阿拉丁的神燈》等，再一次點燃孩子對真善美的嚮往。讓我們的孩子，藉閱讀好書重覓喜樂、朝氣、想像和希望。讓孩子更懂得欣賞美、羨慕愛，並在生活中追求美、愛的品質。

給孩子
最美麗的童書，
點燃他們
對**人生的夢想**。

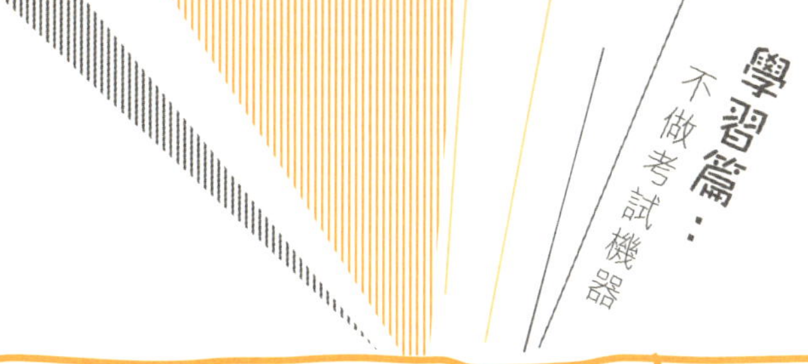

勿送孩子平板電腦

聰明的父母，絕對不會為十二歲以下的兒女購買平板電腦，知道這不單無助於他們學習知識，更會危害兒女的健康。

平板電腦和智能手機誠然是近代科技偉大的發明，小小一個工具能夠盛載那麼多的功能，的確是匪夷所思。但發明這些科技的人，只考慮如何擴大它的效能，甚少從人體力學和健康的角度衡量它對使用者的影響，包括使用者的視力、手指和手腕的運作，以至對坐姿和頸膊肌肉的影響。

有專家指出，平板電腦多採用 LED 的背光源，藉以增加屏幕的亮度，由於使用者的瞳孔為適應光源的變化而不斷收縮，調節瞳孔的睫狀肌會一直保持緊張狀態，時間久了可能導致睫狀肌痙攣，並造成近視。此外，孩子長時間盯着小小的屏幕，會使眨眼次數減少，減少淚水滋潤，造成乾眼症，嚴重者可發生角膜炎或結膜炎，同樣會危害視力。

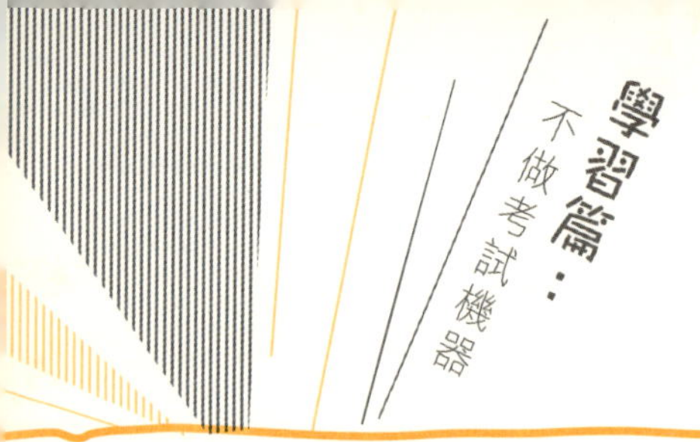

所以聰明而有見識的父母，不會惟恐落後的送孩子平板電腦及智能手機。只有無知的家長，誤信坊間的流言，以為孩子若不多上網，就會在學習上落後於人，甚至被社會淘汰，於是他們在兒女三歲生日時就送他們最新型號的平板電腦，然後誘發他們日日上網，以為他們上網愈多，就學得愈快愈多，那幾千元的價錢，才沒有白付。

迷信電腦科技和電子產品，完全違反兒童教育心理學和生理健康常識。三五七歲的小孩，對知識的吸收有限，而最需要發展的卻是眼手協調和人際關係的互動。可惜不少家長卻恨不得孩子在幼稚園初班已經懂得上網學習，以為這才是追上潮流，贏在起跑線上。

如果你家有小孩子，最好送他們積木模型、棋類遊戲或印刷圖書；多帶他們到戶外走走，曬曬太陽和呼吸新鮮空氣。孩子什麼時候可以用平板電腦和智能手機呢？起碼是升上中學之後。你擔心他們落後於其他小朋友嗎？絕對可以放心，孩子只需一兩天已經可以掌握所需的技術，而且屆時你會發現他的坐姿最好，行得正站得直，視力比同齡的人正常得多。

耶穌有句名言：「那在後的將要在前。」（太二十 16）讓兒女在不重要的事情上落後，倒會幫助他們在重要的事情上領前，這才是父母的智慧。

聰明的父母，
絕對不會
為十二歲以下的兒女
購買**平板電腦**，
知道這不單
無助於他們學習知識，
更會危害兒女的健康。

不要兒女入讀名校

傳統名校招收中一新生，吸引了千多個慕名而來的家長爭奪只有一百個的公開學額。這已不是新聞了。

香港家長多羨慕名校，希望子女成為「名校生」。事實上自從香港有了「名廈」、「名人」、「名店」、「名牌」、「名車」等各式「名」東西之後，近一二十年已再沒有傳統意義的「名校」，所以即使子女有幸入讀了某些「名校」，也算不上什麼「名校生」。

上世紀六、七十年代，才有名副其實、真材實料的名校生。那時名校多為教會所辦，校監多是外籍神父或者牧師，校長多是學識淵博、品味優雅的教育學者。當時報讀名校只看成績，學校不會看你的家底，也不會在面試時問你坐什麼牌子的汽車前來，更從不會要求你呈交什麼個人履歷檔案。

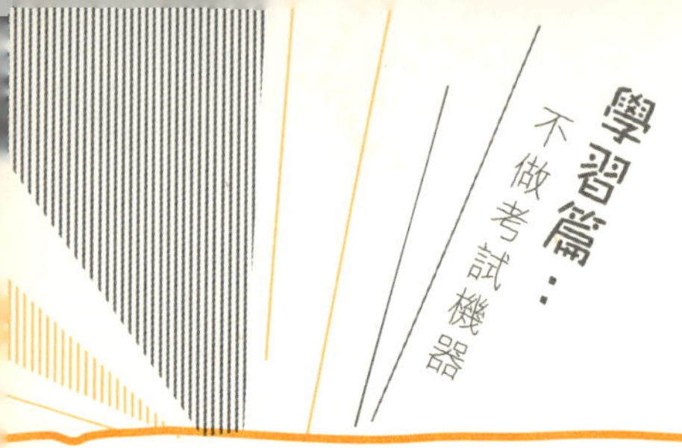

學習篇：不做考試機器

年前有齣港產電影《歲月神偷》，戲中的兄長就是名校生，他的父親是鞋匠，住的是打風時屋頂會整幅掀起的石屋，但因為他肯唸書，發奮圖強，就是這樣入了一所名校。戲中他有一位愛慕他的女孩子，也是名校生，住在半山區，但完全沒有時下「港公主」的架子，仍然有着「白雪公主」那般的純情感覺 ，十分可人。

想想那個時代的名校生，大概受到比較優雅的氛圍環境感染，較多是樸實無華，帶幾分稚氣和理想。部分名校如聖保羅、瑪利諾、喇沙在貴族氣中仍保持恰到好處的修養，學生多學貫中西；另一些名校如真光、培正，皇仁及華仁，則在平民化中帶點品味，學生多培養出較濃厚的社會文化意識。

正如使徒保羅所言，外面作猶太人的不算真猶太人，惟有裏面作的才是。同樣道理，入讀所謂名校的不是真名校生，除非你活出名校生高雅的品質，這樣不論你唸什麼學校，你也是真正的「名」校生。

只要活出

名校生的**高雅品質**，

不論唸的是什麼學校，

你也是真正的「名」校生。

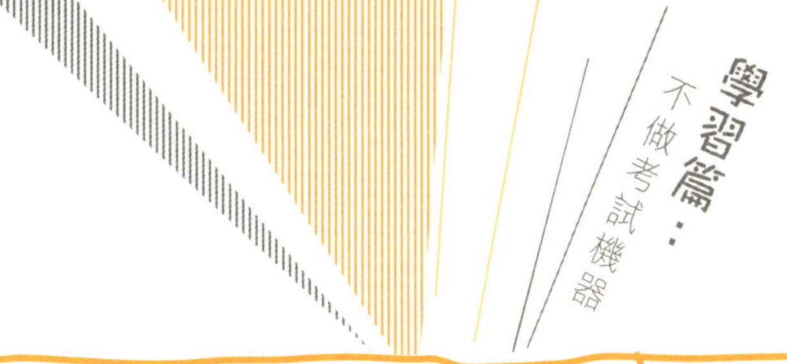

名校只餘虛名

九龍區某傳統名校招收小一新生，簡介會水洩不通，吸引逾三千家長出席。當天學校附近泊滿名牌房車，可見部分出席者來頭不小，據云慕名來者還有不少操普通話，大概是專程南來的富二代及高幹子弟，他們也巴不得讓子女或孫兒入讀香港的名校。

名校之為名校，不在於它的「名字」，乃在乎它的素質。翻看歷史，香港差不多所有的「名校」都是殖民地時期教會所辦的，校監和校長不是牧師，就是神父或修女。追本溯源，他們早於十九世紀東來中國傳教，先後經歷義和團之亂和中國政權易手之苦，這些傳道者被迫南渡香港，辦起學校來。經過了差不多一個世紀的奮鬥，加上教會作為辦學團體的擇善固執，這些學校才陸續開花結果，由藉藉無名躍升至成為「名」校。

從前要考上這些名校靠的是真材實學，「英雄」莫問出

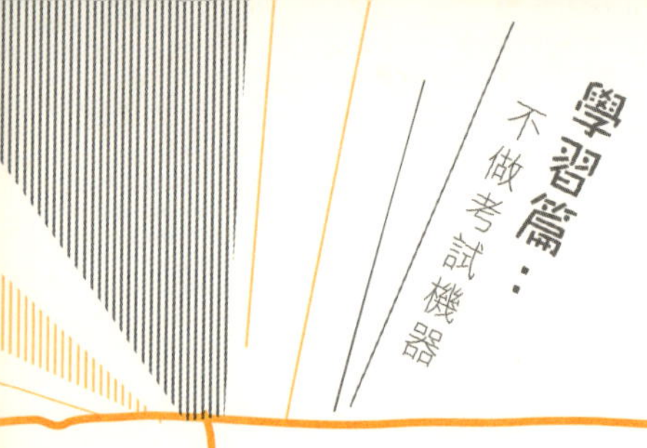

處，只要在升中試的中、英、數三科全獲甲等，則不論你是出身秀茂坪雞寮抑或嘉道理山，都有平等機會入名校。甚至還有獎學金哩。

現在大部分所謂名校卻只剩下一個名字，內容差不多給掏空了。除了極少數的教會學校仍堅持傳道解惑的理想，其他已淪為追逐名次的高等學店，不是由「法團校董會」把持校政，宗教精神聊備一格，又或者索性轉為直資，只錄取富家子弟，自此校門外名車泊滿，怪獸家長簇擁侍候。所謂名校就像城中鬧得沸沸揚揚的龜苓膏——價錢不菲，內裏卻無龜板龜肉，只有很少的土伏苓，香港的「名校」大概也如此這般。

有見識的香港家長，你懂得知所進退吧。

名校之為名校，
不在於
它的「名字」，
乃在乎它的**素質**。

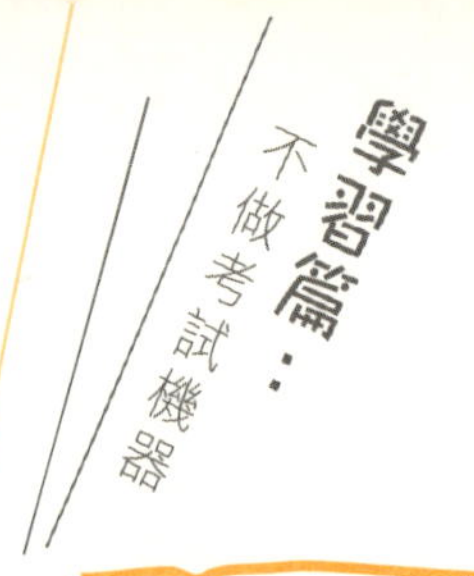

陪孩子過簡樸生活

如何教好孩子，每個父母都想迫切知道答案。英國著名基督徒作家魯益師（C. S. Lewis）曾寫信給一位憂心忡忡的母親，信中提到：「那些『正常』的家庭，好像是一些我們不認識的家庭，遙遠得猶如十英里外的遠山。」事實上所有家庭、所有孩子都有他們的難言之隱，想兒女臻於完美，很可能是一項不可能的任務（mission impossible）。

最近讀畢德生（Eugene H. Peterson）所著的《希奇滿我家》（*Like Dew Your Youth: Growing Up with Your Teenager*），很受他在書中第一章所寫的一句話所吸引：「父母最主要的工作並不是做父母，而是做人。」父母覺得自己做父母很失敗，在教養兒女上一塌糊塗，說穿了是因為他們做人很失敗。當然說這話的時候我們的手指不是指向別人，而是躬身自省，警惕自己有什麼不足的地方。

英國一對夫婦有感於三個女兒雖然小小年紀，卻已顯出崇尚物質的傾向：大女兒才不過七歲，外出竟要求塗唇膏，另外兩個女兒也時常嚷着要買新的玩具。這對夫婦深知女兒們對物質享受的追求只會沒完沒了，且生活在英國這個先進國家，想要什麼皆唾手可得，根本不會珍惜。他們遂決定遠赴非洲最赤貧的國家之一烏干達，在當地做社會服務，為期一年。

結果這一年獲益良多。三個女兒很快就與當地兒童打成一片，經常赤腳到處跑，更有機會探訪孤兒院及醫院。女兒以往會因買不到最新的電子遊戲機而發脾氣，現在則學會感恩和珍惜，更學懂了簡樸生活。

再聽聽畢德生的話：「做父母的任務不是直接面對年輕人的問題，為他們找出最好的解決辦法；而是面對生活，面對生命中的基督，如此來處理問題。」

畢德生：

「父母最主要的工作

並不是做父母，

而是**做人**。」

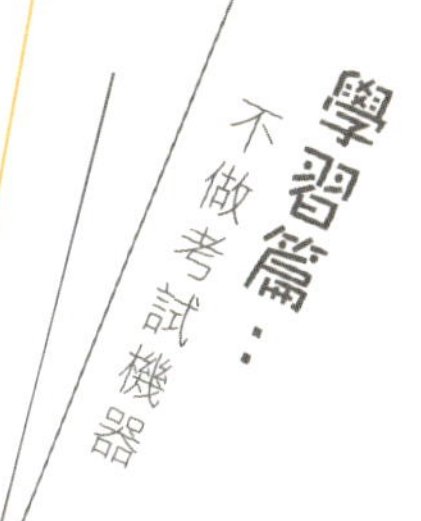

古今「狀元」故事

每逢公開考試放榜，報章爭相報導本屆又有多少位「狀元」，記者忙於走訪各「狀元」背後的奮鬥故事，不少還相當賺人熱淚。

舊時代的科舉考試都已廢除逾百年了，為什麼仍然捨不得丟開「狀元」這個充滿封建味道的名稱？許多年前有一齣戲曲片名叫《狗飯餵狀元》，講述一個窮書生雖然受盡白眼，但卻沒有自暴自棄，最後高中狀元，還當了皇帝的駙馬。五、六十年代的粵語片多的是類似的故事，但現在已經是二十一世紀，中國人早已剪去頭上的辮子，為什麼在心中仍保留着「狀元」這個封建時代的古老符號？

舊制的香港高考一般考六科，六科全取 A 級固然難得，考生一定才智過人，且經過一番努力方可取得如此成績。但不要忘記他們年方十七八歲，有個別資優生更只有十五歲，若然嘉許他們比同儕聰穎且深諳考試的法則和竅門，這未嘗

不是事實；但是否備考功夫做足兼懂得「捉題目」就等於晉身「狀元」，那就見仁見智了。

況且，十七八歲這個年紀，在許多科目範疇的考試中取得 A 級，絕對不等於他們已真正掌握和精通這些科目。就以中文科為例，他們可以寫出一篇感人的散文嗎？對杜甫的詩、蘇東坡的詞、余光中的新詩，以至今天的韓寒和北島等作家，他們又有多少了解和共鳴呢？再以歷史科為例，他們可以史為鑑，對釣魚台島和南海主權的爭議作出評析嗎？又或者對「六四」有深一層次的論述？一個十七八歲的香港孩子，每晚上 Facebook 聊天，坐巴士時不停打機，他們在語文科或歷史科考取A級，只是因為他們肯背誦、懂得揣測題目，又懂得按照香港考試的法則去答題，這是一項技術工程，距離「學問」還有好一段距離。

香港一些年輕人，雖未能在公開考試做過什麼「狀元」，但在人生的考試上卻取得卓越的成就，就如幾年前馬尼拉人質事件中殉職的謝廷駿，在馬頭圍道唐樓大火中捨命救人的謝茵怡，他們都是香港人引以為傲的好孩子。考試「狀元」的光芒很快會暗淡，但這些「英雄」以生命點燃的光芒，卻永遠閃耀在我們心中。

香港一些年輕人，
雖未能在公開考試
做過什麼「狀元」，
但在人生的考試上
卻取得卓越的成就，
他們**以生命點燃的光芒**，
永遠閃耀。

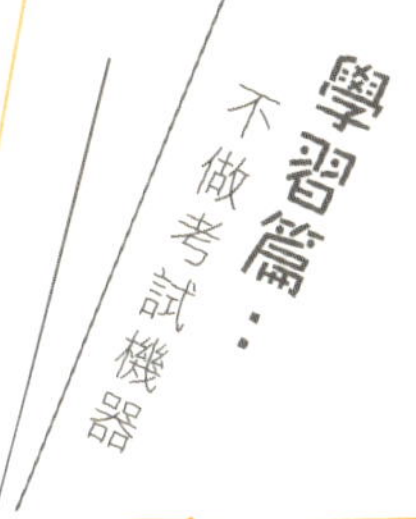

被趕出校沒什麼大不了

學生屢犯校規，屢勸不改，與同學在課室爭執被老師勸阻時更激動説：「我打埋你（老師）都得呀！」結果被罰「停課」兩日，但在停課期間又被發現講手提電話，最後遭校方開除。部分支持這個學生的同學，認為校方是「玩針對」，羣情洶湧，拒絕上課，甚至提出採取「暴食行動」，將學校小食部的零食全數買下，邊吃邊罷課。

這時代要開除一個學生，可謂比「駱駝穿過針的眼」還要艱難。學生的「人權」空前高漲，體罰早已明文禁絕，連訓輔也要低聲下氣，免得損害莘莘學子的自尊心，更遑論留級或開除學籍了。教統局又設下繁文縟節，重重關卡，要成功開除一個學生所要付出的代價極大，絕大多數的學校試問又豈敢以身試法，所以對「問題學生」一直啞忍，寧願視而不見，又或阿 Q 式的以「有教無類」自居。

特區教育漏洞百出，原因之一就是大玩空洞的文字遊

戲，抽象地談「融合教育」、「有教無類」、「愉快學習」等課題。上述口號本身沒有錯，錯在貫徹這些理想所需要的條件和環境，教統局根本欠缺全盤考慮和規劃。又如「開除學籍」本身不是一個道德課題，跟校長或師長是否仁愛無關，現在更被扯上剝奪學生讀書權的大罪名。教統局素來怕事，一看見有學生躁動就改說「啱聽」的話，巧言令色的呼籲老師們對學生要循循善誘，其沒有風骨、看風使帆的面目直叫人搖頭歎息。

我唸中二時，曾有一名同學因品學皆劣而被開除，輾轉三十年後，我在一個公開場合與他偶遇。闊別多年，他已貴為本地某公共事業的高級行政人員。問及當年被逐出校的經歷，他一臉感激的說：「其實要多謝母校，若不是我被逐出校門，就不會知恥近乎勇，改變了自己一向以來的懶散怠惰，因而也不會有今天的成就。」

開除一個品學皆劣的學生，到底是害了他，抑或是兜一個圈子幫助了他，是一件很微妙的事情。乳臭未乾的孩子埋怨校長沒有愛心，沒有遵守耶穌「饒恕七十個七次」的教訓，可謂年少無知，不值得責怪；但連教統局的大人和家長們也這樣想，就未免叫人感到可惜了。

開除一個品學皆劣的學生，

到底是害了他，

抑或是

兜一個圈子幫助了他，

是一件很微妙的事情。

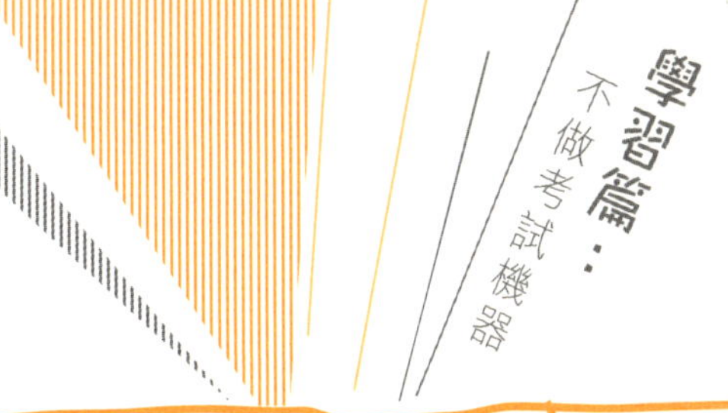

送孩子升學台灣 體會中華文化

不久前「國民教育」鬧得沸沸揚揚，許多人勸香港年輕人要多認識「國情」，但卻極少鼓勵莘莘學子到寶島台灣走走看看。難道數年前剛慶祝建立民國一百周年的台灣，不也是「國情」的一個構成部分嗎？

台灣堪稱保留了最豐富深厚的中華文化。單看台灣一千多萬人口仍然使用繁體中文，政府機構的大小公函仍然保持「尺牘」的傳統格式，可見一斑。其實海外華人到台灣升讀大學，已有差不多半個世紀。上世紀六十年代，即有來自馬來西亞和新加坡的華僑青年到台灣升學，他們學成回到南洋，興起過一陣子的「文藝復興」，帶動了顯赫一時的「馬華文學」。現時到馬來西亞的吉隆坡或檳城，留意有一間叫「大將」的華文出版社，其高層大多是昔日的留台大學生。

多年來台灣雖是彈丸之地，但在文化上卻成績斐然。香港人熟悉的有殷海光、王尚義、三毛、瓊瑤、李敖、詹宏

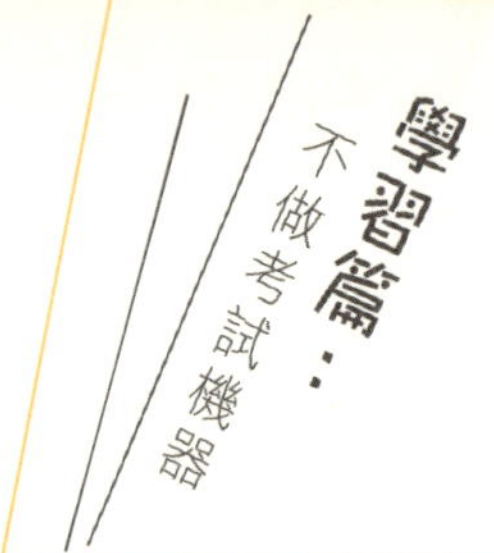

志、侯孝賢、李安等，文藝界可謂星光熠熠。即使是藝能界，鄧麗君、姚蘇蓉、到今天的林志玲、周杰倫、陳綺貞，也都各自各精采。更不要忘記體育界的「亞洲鐵人」楊傳廣和「飛躍羚羊」紀政，還有科學界的李遠哲和丁肇中，藝術界的朱銘和林懷民。

到台灣升學，一沾寶島的人文風情，得益匪淺。入讀台大師大政大當然最好，其他如中國文化大學、輔仁大學、中興大學及逢甲大學也不錯。記住在台灣要唸好「國語」（那裏不叫「普通話」），讀好中國文化，做個有內涵修養的中華兒女，將來也許會成為另一個「李安」。

認識中國文化，

做個**有內涵修養**的

中華兒女。

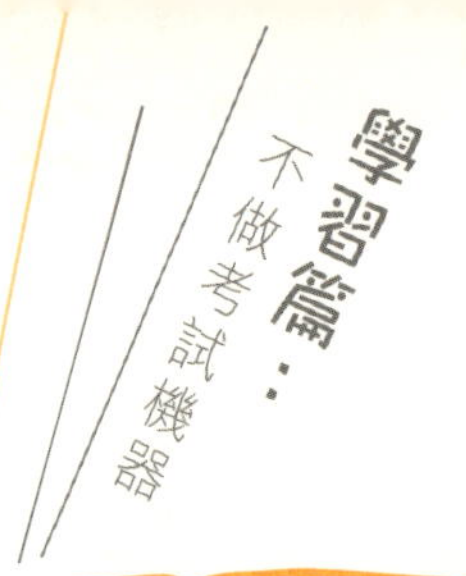

留學日本學會臨危應變

香港家長喜歡把孩子送到外國讀書，英美加澳紐是首選。數年前日本人在「311 大地震」中處變不驚，叫全世界刮目相看。若要孩子有如此氣魄和韌力，送孩子到日本唸書，也許是更佳的選擇。

試想像一個十六歲的「港孩」若不幸遇上地震、塌樓，自救能力恐成疑問，更遑論可以救人。但日本有一個名叫阿部任的十六歲少年，與祖母一同埋在瓦礫中長達九天。當救援人員發現阿部任時，他身上包滿了浴巾，在冰點以下的低溫中顫抖。九日來他伴着八十歲的老祖母，僅靠廚房冰箱內的少量食物維生。由於整幢房子都倒塌了，他們祖孫倆藏身廚房裏，而冰箱門可以稍微打開，他就拿裏面的水、乳酪和可樂等與祖母一起吃。他的求生術不錯。

被困期間，阿部任覺得困在瓦礫中不是辦法，遂慢慢地挖空隙，一寸一寸地鑽出來，終於脱身，爬到屋頂上求救。

手提電話打了很多次卻始終接駁不通，最後更耗盡了電源。但他沒有放棄，索性大聲呼喊，終於守得雲開，被救援人員發現。他也具有應變和「執生」的能力。

送孩子到外國讀書，最重要的是讓他學會照顧自己，即使在人生突變中也可以堅強地活下去。香港的學校沒有這方面的教育，而父母更往往提供反面教材。留學英美加澳紐還好一點，起碼學會理性和人道主義精神，例如美國人在 911 的表現。但要學會冷靜和堅毅，並捨己為人的大無畏氣魄，就非去日本不可。

不要擔心日本位處地震帶，地震海嘯接踵而來，送孩子去唸書恐怕是「送羊入虎口」。經過今次大海嘯一役，日本人一定痛定思痛，想出更安全的辦法，事實上是次九級地震沒有震塌一幢樓。相比於周邊國家和地區，日本仍是安全和可靠的。

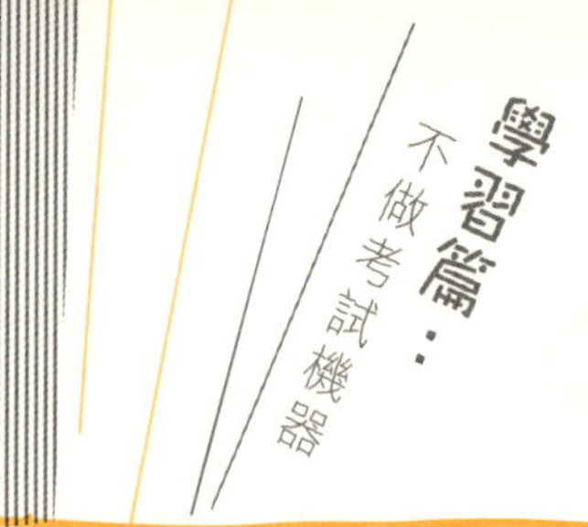

今年暑假，家長們大可預訂機票到東京大阪自由行。明年的復活節假期，仙台的櫻花又再盛放，一切將回復原貌。送孩子到日本讀書，正如魯迅昔日留學日本，所學所得，可以對國家作出更大貢獻。

送孩子到外國讀書，
最重要的是
讓他學會照顧自己，
即使在人生突變中
也可以**堅強地活下去**。

我希望讓孩子學習……

不信
贏在起跑線

突破書籍
獻給父母的書單

1 **陪孩子跑一場障礙賽**
關子凱

2 **爸爸回家上班去**
賴百樂

3 **歲月的育養**——給現代父母的啟示
黃麗彰等

4 **孩子不難教**
余慧明、劉振國

5 **哪個孩子不出色**
梁永泰

6 **追風箏的父母**
霍玉蓮

7 **聖經的教養智慧**
上官賢恩

8 **荒島校長的教子祕笈**
陳兆焯

9 **發現家庭復原力**
羅健文

陪孩子跑一場障礙賽
1

爸爸回家上班去
2
歲月的育養
給現代父母的啟示
3

孩子不難教
4

梁永泰
哪個孩子不出色
DECISIONS THAT MAKE KIDS OUTSTANDING
5

追風箏的父母
6

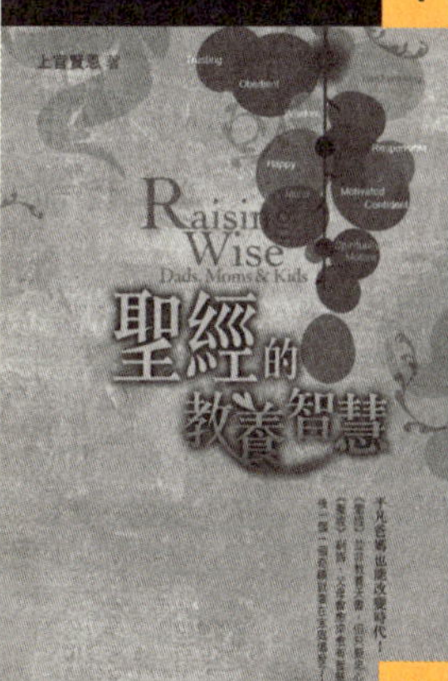

Raising Wise Dads, Moms & Kids
聖經的教養智慧
7

荒島校長的教子祕笈
8

發現家庭復原力
9

心理與栽培系列最新書目

栽培新一代

書名	作者
牧養新世代	蔡元雲、謝文策
折翼孩子能飛	師徒創路學堂師生
聖經的教養智慧	上官賢恩
荒島校長的教子祕笈	陳兆焯
嘴巴失控了 —— 青少年導師求生手記	伍詠光、楊安琪
教壞細路 —— 荒島校長的教育筆記	陳兆焯
孩子不難教	余慧明、劉振國
敢夢、想飛 —— Young life召命導航手冊	蔡元雲
玩創未來 —— 創路達人遊戲攻略70篇	鄧淑英、黃嘉儀、李潔卿、李樑林、梁裕宏
哪個孩子不出色	梁永泰
追風箏的父母	霍玉蓮
聖經中的經典言説	李錦洪
源心繪 —— 在塗鴉中發現自己	董謝小華
啟動羣體生命力 —— 小組訓練10課	區祥江
創路達人の從零開始	鄧淑英、梁裕宏、黃嘉儀、李潔卿
溝通演説26式 —— 從A至Z教你説得好	李錦洪
通識教與學	呂宇俊
一個都不能少 —— 再思青少年的成長與牧養	蔡元雲